Esperança na escuridão

Se você já duvidou de Deus ou se perguntou se ele estava ao seu lado nos momentos mais difíceis da vida, *Esperança na escuridão* é o encorajamento bíblico de que seu coração precisa desesperadamente.

—**Lisa TerKeurst**, autora *best-seller* do *New York Times*, presidente dos ministérios Proverbs 31

Se você está em busca de esperança, o primeiro passo é procurá-la nos lugares certos. O novo livro de Craig Groeschel, *Esperança na escuridão*, não apenas lhe mostra para onde dirigir o olhar, como também o lembrará de que na verdade você nunca está sozinho — mesmo na escuridão.

— **Steven Furtick**, pastor da igreja Elevation Church; autor *best-seller* do *New York Times*

Com misericórdia, empatia e fé de raízes profundas, Craig Groeschel toca nosso coração com maestria ao atender o convite de Jesus para sermos sinceros e expressarmos nossas piores dúvidas. Por isso, enfrentando cheio de coragem a dor inexplicável que experimentamos quando a tragédia se abate sobre nós e quando a vida parece muito injusta, o autor nos conduz pelo processo de retorno aos braços de Jesus, confiantes outra vez no caráter do Pai e achegando-nos a Deus mais do que nunca. Craig nos ajuda a converter nossas dúvidas em determinação, nossos temores em fé e nossas incertezas em paz. Uma mensagem tão bem ministrada que você jamais se esquecerá dela.

— **Christine Caine**, autora *best-seller*, fundadora de A21 e Propel Women

As palavras do pastor Craig são proféticas e carinhosas, curam e causam grande emoção. Estar preparado e equipado com a verdade para os períodos de escuridão e sofrimento é o que nos torna capazes de atravessá-los e permanecer com os pés firmes na esperança que temos em Jesus. Craig ilumina o caminho para que estejamos preparados quando a hora chegar. Não há melhor lembrete que o contido neste livro — Deus é bom e sempre se faz presente em nossa angústia.

— **Jefferson Bethke**, escritor, autor *best-seller* do *New York Times* de *Jesus é maior que a religião*

AUTOR *BEST-SELLER* PELO *NEW YORK TIMES*

Craig Groeschel

Esperança na escuridão

Deus é bom mesmo quando a vida não é

Vida

Editora Vida
Rua Conde de Sarzedas, 246 – Liberdade
CEP 01512-070 – São Paulo, SP
Tel.: 0 xx 11 2618 7000
atendimento@editoravida.com.br
www.editoravida.com.br

©2018, Craig Groeschel
Originalmente publicado nos EUA com o título
Hope in the Dark: Beleiving God is Good When Life Is Not
Copyright da edição brasileira © 2019, Editora Vida
Edição publicada com permissão da ZONDERVAN,
uma divisão da HarperCollins Christian Publishing
(Nashiville, TN, EUA).

■

Todos os direitos desta obra reservados por Editora Vida.

PROIBIDA A REPRODUÇÃO POR QUAISQUER MEIOS,
SALVO EM BREVES CITAÇÕES, COM INDICAÇÃO DA FONTE.

Todos os grifos são do autor.

■

Scripture quotations taken from Bíblia Sagrada,
Nova Versão Internacional, NVI ®.
Copyright © 1993, 2000, 2011 Biblica Inc.
Used by permission.
All rights reserved worldwide.
Edição publicada por Editora Vida,
salvo indicação em contrário.

Editor responsável: Gisele Romão da Cruz
Editor-assistente: Marcelo Martins
Tradução: Jurandy Bravo
Preparação: Sônia Freire Lula Almeida
Revisão de provas: Andrea Filatro
Projeto gráfico e diagramação: Luciana Di Iorio
Capa: Arte Peniel

Todas as citações bíblicas e de terceiros foram
adaptadas segundo o Acordo Ortográfico da
Língua Portuguesa, assinado em 1990,
em vigor desde janeiro de 2009.

1. edição: maio 2019
1ª reimp.: set. 2019
2ª reimp.: out. 2019

Dados Internacionais de Catalogação na Publicação (CIP)
(Câmara Brasileira do Livro, SP, Brasil)

Groeschel, Craig
    Esperança na escuridão : Deus é bom mesmo quando a vida não é / Craig
Groeschel ; [tradução Jurandy Bravo]. -- São Paulo : Editora Vida, 2019.

    Título original: Hope in the dark
    ISBN 978-85-383-0397-8

    1. Angústia (Psicologia) 2. Desespero - Aspectos religiosos - Cristianismo
3. Esperança - Aspectos religiosos - Cristianismo 4. Vida cristã I. Título.

19-26350   CDD-248.86

Índices para catálogo sistemático:
1. Momentos difíceis da vida : Vida cristã : Cristianismo 248.86
Maria Paula C. Riyuzo - Bibliotecária - CRB-8/7639

Sumário

Carta ao leitor 9

Introdução: Quando você quer confiar, mas a vida
não deixa 13

Parte 1: Esconde-esconde

1.1 Onde o Senhor está, Deus? 27
1.2 Por que o Senhor não se importa? 37
1.3 Por que o Senhor não faz alguma coisa? 43
1.4 Parece injusto 49
1.5 Crise de confiança 55

Parte 2: Perdido e achado

2.1 Ouça 69
2.2 Escreva 83
2.3 Espere 93
2.4 Pela fé 99
2.5 "Fé provada" 107

Parte 3: Esperança e glória

3.1 Lembre-se 117
3.2 Aceite 127

3.3 Confie 133
3.4 Espere 139
3.5 Acredite 145

Conclusão: Quando você duvida e crê 153

Perguntas para reflexão 159

Agradecimentos 173

Carta ao leitor

Adrianne Manning é como se fosse da família para mim. Não conheço pessoa mais extrovertida, sociável, animada e divertida. Trabalha no meu escritório há muitos anos, e tenho profundo amor por ela e por sua família.

Um dia, anos atrás, ela entrou de supetão na minha sala, radiante de tão empolgada. Meio dançando, meio gritando, mal conseguia falar direito. Ela e o marido, Danny, estavam grávidos. Uma resposta às nossas orações.
Abraçamo-nos.
Choramos.
Abraçamo-nos outra vez.

E, quando Adrianne perdeu o bebê, fizemos exatamente a mesma coisa, embora as emoções tenham sido muito diferentes e bem mais profundas.
Abraçamo-nos.
Choramos.
E nos abraçamos outra vez.

Como pastor, sou testemunha de muitas perdas. Nunca é fácil, sobretudo quando afeta alguém muito próximo a você. Fizemos o que quase todo mundo faz. Perguntamos a Deus: "Por quê? Por que o Senhor permitiu que isso acontecesse?".

Foi quando comecei a escrever este livro. Escrevi. E escrevi. E escrevi mais um pouco. E não contei a ninguém o que estava escrevendo. Nem para o meu editor. Nem para outros membros da equipe. Nem para os meus amigos. Escrevi apenas. A Adrianne estava na minha mente enquanto eu escrevia cada palavra. Não só ela, mas todos os meus conhecidos que estavam passando por situações terríveis e não entendiam por quê.

Se você já leu algum livro meu, talvez perceba o tom bem diferente deste aqui. Costumo usar o humor quando escrevo porque a vida é séria demais. Creio que Deus adora quando rimos. No entanto, talvez você observe que quase não recorro ao humor, se é que chego a fazê-lo, neste livro. Isso porque, para ser muito franco, meu estado de espírito era outro quando o escrevi. Eu queria abrir caminho entre as questões mais obscuras com as quais lidamos na vida e enfrentar dúvidas sobre as quais com frequência não gostamos de falar.

Quando terminei o primeiro rascunho do manuscrito, pedi que Adrianne o lesse. Expliquei o que era para ela. Em casa, ela o devorou de uma só sentada. No dia seguinte, quando entrou no escritório, não disse nada. Em vez disso...

Abraçamo-nos.

Choramos.

E nos abraçamos outra vez.

Demorou um bom tempo para falarmos sobre a perda de seu filho. Mais ainda para eu tocar no assunto do manuscrito fosse com quem fosse. Durante anos, ele ficou quieto no meu computador, armazenado em um arquivo obscuro, quase de todo esquecido. Até que, anos mais tarde — ao receber más notícias relacionadas com a saúde da minha filha —, decidi resgatar o manuscrito e revê-lo, agora para mim mesmo. Por estranho que pareça, as palavras que eu redigira para Adrianne ajudaram a tranquilizar minha alma.

Depois de orar a respeito, resolvi mostrar o manuscrito à minha editora. A equipe editorial percebeu a profundidade da

Carta ao leitor

minha emoção contida nas palavras daquelas páginas e acreditou que a mensagem poderia ser útil para outras pessoas. De modo que voltei a mergulhar no manuscrito. Atualizei-o um pouco, expandi-o. O resultado é este livro. Que fique claro: não se trata de um livro para todos. Se você está vivendo um sonho e passando por um enlevo espiritual, pare e louve a Deus por sua bondade. Comemoro com você. Mas, para ser franco, provavelmente este livro não seja para você. Pelo menos, não na atual fase da sua vida. Ele é para quem está sofrendo. Cheio de incertezas. Com medo de ter fracassado na fé. Para aqueles cujo mundo se cobriu de escuridão.

Por outro lado, se a vida o está sufocando, se a sua fé parece tensionada a ponto de se romper, então o livro é para você. Ao lê-lo, espero que você tenha coragem de me acompanhar à medida que entro em contato com algumas das dores deste mundo. Espero que compreenda por que escrevo desta vez em tom mais sério e circunspecto. Espero que se arrisque a chegar aos extremos comigo e lute contra algumas das questões que os cristãos costumam ter medo de perguntar. Espero que você descubra as profundidades e riquezas da graça de Deus que só os vales da vida conseguem revelar.

Este livro é para a nossa amiga Adrianne.

Mas é também para qualquer um que está sofrendo e não entende por quê.

Introdução
Quando você quer confiar, mas a vida não deixa

"Quero crer que Deus se importa comigo; de verdade", disse-me ela enxugando as lágrimas dos olhos vermelhos e tristonhos. Sob as lâmpadas fluorescentes desagradáveis do corredor do hospital, Marci mal se parecia com a garota vibrante de que eu me lembrava, a criança que vira crescer no grupo de jovens da nossa igreja. Quando adolescente, ela era extrovertida, amante de uma boa diversão e cheia de vida, mesmo se tornando cada vez mais séria em relação à fé; chegava cedo ao grupo de jovens e ficando até tarde. Ninguém amava adorar e falar de Deus mais do que Marci.

Até que, com 20 e poucos anos, Marci conheceu Mark, um rapaz cristão excelente, dono de uma personalidade carismática. Apaixonaram-se praticamente da noite para o dia e casaram-se transcorrido quase um ano do dia em que se conheceram. A personalidade dinâmica de Mark o beneficiava, ajudando-o a conseguir um ótimo emprego com vendas. Em pouco tempo, ele estava ganhando mais que a maioria dos outros profissionais de sua idade. Compraram a casa dos sonhos e, servindo a Deus juntos na nossa igreja, Mark e Marci sabiam que a vida não tinha como se tornar ainda melhor.

Mas de repente foi o que aconteceu.

Depois de apenas dois meses apenas tentando, descobriram que estavam grávidos do primeiro filho. Quando a linda Chloe nasceu, a minha esposa, Amy, e eu nos juntamos a Mark e Marci no hospital para agradecer a Deus por suas bênçãos. Celebrar com eles foi incrível, e todos agradecemos a Deus pela família maravilhosa que ele estava desenvolvendo em sua presença.

Na época, ninguém enxergava nenhum indício de rachadura nos alicerces da vida dos dois. Contudo, no decorrer dos anos, o emprego de Mark o levou a trabalhar horas cada vez mais longas e a empreender viagens cada vez mais frequentes. Mesmo assim, quando ele voltou para casa um dia e comunicou a Marci que a estava deixando — por causa de uma de suas amigas mais chegadas —, ela foi pega totalmente de surpresa. Arrasada, Marci descobriu-se combatendo em duas frentes: de um lado, tendo de lidar com a traição de Mark e, de outro, esforçando-se para construir uma nova vida para ela e para Chloe agora sozinha como mãe. Pouco consolo lhe servia pensar que pelo menos as coisas não podiam piorar.

Até que elas pioraram.

Chloe, a essa altura na quinta série, começou a perder peso muito depressa e a se sentir cansada o tempo todo. Quando as dores de cabeça e os acessos de tontura começaram, uma série de exames revelou o impensável — câncer. Em poucos meses, Chloe deixou de ser uma menina saudável e popular na escola e foi reduzida a uma paciente pálida e acamada, respirando por aparelhos. Impiedoso, o câncer devastou seu corpo enfraquecido. A quimioterapia não amenizou em nada a situação dela. Os médicos decidiram mudar o foco do tratamento e dirigir todos os esforços para tornar-lhe os últimos dias tão confortáveis quanto possível.

Parado no corredor árido de hospital, observei que a Marci incansável que eu um dia conhecera havia muito se fora, tragada por uma mulher exaurida e derrotada. Tendo ultrapassado o limite da exaustão, da depressão, corria o risco da total frustração. Desesperada, procurava se agarrar a qualquer coisa que se assemelhasse, mesmo que remotamente, à fé inesgotável que costumava lhe sobrevir com tanta facilidade. Todavia, sua confiança inabalável em Deus não era mais que uma triste lembrança agora. Marci respirou fundo, resistindo aos soluços. Seu olhar desolado me perfurou e necessitei de toda determinação que pude reunir para me manter forte por ela.

— Eu *realmente* quero acreditar que Deus está comigo agora — disse ela depois de um suspiro. — Ou melhor, quero saber que ele é bom, que se importa. Quero muito, mas...

Sua voz foi desaparecendo. Dessa vez ela não foi capaz de segurar as lágrimas.

— Mas, Craig, quando vejo a minha bebê definhando ali dentro, com tanta dor, como posso me render a um Deus que permite uma coisa dessas? Além de tudo o que já atravessamos? *Quero* confiar, só não sei como.

A FRASE CURTA, "QUERO CONFIAR", FINCOU RAIZ NO MEU coração. Para onde quer que eu olhe, vejo pessoas que entendem perfeitamente como a Marci se sentia naquele hospital frio e estéril. Muita gente quer acreditar na presença e na bondade de Deus, mas tem perguntas demais sem resposta. Alguma coisa dentro dessas pessoas anseia por confiar em Deus — por conhecê-lo, por sentir sua presença, por mergulhar em sua paz, por crer que ele está disponível para sustentá-las e ajudá-las a carregar seus fardos. Querem orar e saber que ele as ouve. Querem ser consoladas. Querem saber que ele está junto delas, que as protegerá. No fundo, esperam que Deus seja mais que só uma espécie de figura cósmica fictícia em que gente simplória confia na maior ingenuidade. Querem que ele habite em mais que clichês recauchutados disparados a torto e a direito por políticos, ativistas e fanáticos de Jesus.

Creio que existe muita gente como a Marci, que um dia acreditou em um Deus dotado de um interesse ativo por sua vida, mas agora sem tanta certeza disso. Talvez ele exista, talvez seja soberano, mas e quanto a lhes dar a mínima? Não lhes parece ser o caso. Eu mesmo já fui uma dessas pessoas (falo mais sobre o assunto depois). Talvez você ainda seja. Já se perguntou:

Por onde Deus andava quando eu estava sendo abusada? Ele se importava comigo? Se sim, por que não fez alguma coisa a respeito?

Por que não podemos ter um filho? Acontece tanta gravidez indesejada, e tanta gente parece abandonar os próprios filhos ou não se importar com eles. Vamos à igreja. Somos bons. Oramos há anos. Por que Deus não nos dá um filho?

O que houve com o meu casamento? Acima de tudo, queria que pelo menos fosse bom. Amávamo-nos muito, mas... E Deus sabe que dei o máximo de mim. Confiei nele. Orei todos os dias. Agora, no entanto, só o que tenho são cacos. Por que Deus deixou isso acontecer comigo?

Por que o meu filho nasceu deficiente?

Por que fui demitido?

Introdução: Quando você quer confiar, mas a vida não deixa

Por que todo mundo que conheço está casado e continuo só?
Por que parece que não consigo ter sucesso?
Por que o câncer voltou?
Por que os meus filhos abandonaram a fé?
Você quer garantias de que Deus está ao seu lado quando mais necessitar, mas, por alguma razão, duvida que isso aconteça? Saiba que não é o único. Ao longo de toda a Bíblia, muitos duvidaram do envolvimento divino na vida deles. Até Jesus encontrou descrentes, um deles entre seus discípulos: ninguém menos que Tomé, o primeiro a necessitar "ver para crer". Contudo, há um diálogo em particular que Jesus manteve com um cético espiritual em que eu gostaria que nos concentrássemos. Muito parecido com Marci, ele era um pai em luta por ver o filho sofrendo:

> Jesus perguntou ao pai do menino: "Há quanto tempo ele está assim?".
> "Desde a infância", respondeu ele. "Muitas vezes esse espírito o tem lançado no fogo e na água para matá-lo. Mas, se podes fazer alguma coisa, tem compaixão de nós e ajuda-nos."
> "Se podes?", disse Jesus. "Tudo é possível àquele que crê."
> Imediatamente o pai do menino exclamou: "Creio, ajuda-me a vencer a minha incredulidade!". (Marcos 9.21-24)

Já imaginou a dor desse pai? Vezes e mais vezes, ele fora obrigado a observar apenas, impotente, enquanto o filho tinha convulsões ao lutar contra um espírito maligno que dele se apossara anos antes. Esse pai amoroso faria qualquer

Esperança na escuridão

coisa para aliviar o sofrimento do filho. Mas não importava o que tentasse, o menino continuava vivendo em agonia.

Pai de seis filhos, não quero nem imaginar como devia ser a experiência: um espírito maligno poderoso atirando sua criança dentro da água feito um boneco de pano ou lançando-a no fogo. Se o pai não cumprisse com seu dever de proteger o filho, é possível que o espírito já o tivesse matado.

Não admira que esse pai curvado debaixo de tamanho peso e desespero se esforçasse para crer. Depois de tentar tudo que sabia, o homem disse a Jesus a mesma coisa que eu diria em sua situação: " '[...] se podes fazer *alguma coisa, tem compaixão* de nós e *ajuda-nos*' " (v. 22, grifo nosso).

Alguns cristãos poderiam criticar a incerteza do pai. Mas suas forças estavam chegando ao fim. Depois de fazer tudo em que conseguira pensar, é possível que afinal se resignasse ao desespero e à perda.

Não havia mais ninguém a quem pudesse recorrer.

Nada mais restava que pudesse fazer.

Sua esperança se fora.

Seu mundo era só escuridão.

Mas então Jesus deixa tudo claro, primeiro repetindo a desesperança do pai em forma de pergunta — "*Se* podes?" — e depois o desafiando: " '[...] *Tudo é possível* àquele que crê' " (v. 23, grifo nosso).

Imagine só. Por que Jesus não disse: "Bem, a verdade é que eu *posso* ajudá-lo."? Ou então: "Sou o Messias, o Filho de Deus, e o meu Pai que está no céu curará o seu filho."? As duas coisas eram verdadeiras. Em vez disso, ele devolveu a bola para o pai. Embora recorrer ao único e verdadeiro Deus e pedir sua ajuda seja sempre uma boa ideia, Jesus

Introdução: Quando você quer confiar, mas a vida não deixa

disse que a chave era ter confiança — fé — em que " '[...] para Deus todas as coisas são possíveis' " (Mateus 19.26).

A reação do pai surpreende mais ainda: " '[...] Creio, ajuda-me a vencer a minha incredulidade!' " (Marcos 9.24). Percebe o que ele está afirmando? Eu quero crer. Senhor, eu quero crer, mas não consigo. Estou me esforçando. De verdade. Ajude-me a vencer a minha falta de fé, as minhas dúvidas.

É meio que um paradoxo. O homem cujo filho está possuído por um espírito maligno, uma força que se apropriara do corpo do menino e procurara feri-lo de todos os modos imagináveis — havia anos — declara: "Eu *gostaria* de conseguir crer, mas já não sei como. Estou em um lugar tão escuro e desesperador que sou incapaz de enxergar como as coisas poderiam mudar para melhor. Mas eu quero. Gostaria que acontecesse. Ajude-me a crer outra vez, Senhor. Restaure a minha esperança".

Logo em seguida a esse diálogo com o pai, Jesus ordena que o espírito vá embora. O corpo do menino convulsiona quando o espírito o deixa, e então parece morto. "Mas Jesus tomou-o pela mão e o levantou, e ele ficou em pé" (v. 27). Eis o que me comove pessoalmente nessa história: o menino não foi o único a ser curado quando Jesus expulsou o espírito maligno. Seu pai também o foi. Porque Jesus expulsou a desesperança que se apoderara dele. No pedido sincero daquele homem, Jesus pôde ouvir as mensagens conflitantes emanando daquele coração ferido em batalha.

E Deus ainda hoje honra essa oração, basta que lhe permitamos.

E você? Gostaria de ver curado o seu coração infestado de dúvidas? Não seria bom redescobrir uma garantia profunda e permanente no caráter, na bondade, no poder e na presença de Deus? Será que é mesmo possível? Deus poderia acender sua luz de esperança no seu coração escuro e desesperado? Ele conseguiria plantar uma nova semente de fé no seu solo seco, nesse deserto estéril do seu interior? Você quer crer?

LIVRAR-SE DA PELE VELHA DA DÚVIDA E DA DESCRENÇA NÃO será fácil, ainda mais se o desfecho da situação em que você se encontra não estiver alinhado com as suas esperanças e expectativas. Embora os médicos avisassem a família de Marci para se preparar para o pior, muitos ainda acreditávamos que Deus faria um milagre por sua doce filha. De modo que oramos. E oramos. E oramos mais um pouco. Tiramos proveito das redes sociais e vimos o que deve ter chegado a milhares de pessoas — do mundo inteiro — orando para que Deus curasse a pequena Chloe.

Lamentavelmente, Deus não fez o que todos esperávamos que fizesse.

Chloe morreu apenas três dias antes de seu décimo primeiro aniversário.

Naquele instante, o pouco que restava da frágil fé de Marci se estilhaçou em mil pedaços. Ela gritou. Chorou. Soluçou:

— Por quê, Deus? *Por quê*? Por que o Senhor deixou isso acontecer com a minha filha? Chloe não fez nada errado. O Senhor devia ter tirado a minha vida, não a dela! Como posso voltar a confiar em um Deus capaz de fazer uma

Introdução: Quando você quer confiar, mas a vida não deixa

coisa dessas comigo? Como acreditar em um Deus capaz de deixar isso acontecer?

Não fingi saber as respostas. Não lhe dei tapinhas nas costas nem respostas pastorais. Em vez disso, fiz o que podia: orei *com* a Marci e *por* ela. Juntei-me às multidões que já buscavam consolá-la, chorar com ela e sustentá-la.

Tenho as minhas próprias feridas, as minhas perdas, as minhas dúvidas de tempos em tempos, provavelmente como você. Mas ainda continuo convencido de que Deus está conosco durante as provações, e quero ajudar a restaurar a fé de pessoas que veem sua confiança em Deus desmoronar em consequência da bola de demolição de circunstâncias insuportáveis.

Não é fácil. Não tenho todas as respostas. Mas *garanto* a você que já fiz todas essas perguntas. Descobri algo que oro para que se torne verdadeiro na sua vida. É possível duvidar, questionar, até lutar na sua fé. Mas, em vez de perceber que as dúvidas o distanciam do coração de Deus, você encontrará algo diferente, muito melhor. Perguntas sinceras, dúvidas honestas e mágoas profundas podem levá-lo mais para perto de Deus do que você jamais esteve.

AO LONGO DA VIDA, TODOS CHEGAMOS A DETERMINADOS momentos em que nos pegamos lutando contra dúvidas espirituais. Conheci um homem certa vez, casado havia 18 anos, cuja esposa fora morta por um motorista embriagado. Algum tempo depois do ocorrido, estávamos conversando quando de repente ele explodiu:

— Se *existe* um Deus, não é possível que ele seja bom. Um Deus bom não permitiria que um idiota bêbado matasse a minha mulher e continuasse vivo! Mas, se Deus *for* bom, não é possível que esteja no controle das coisas, ou isso não teria acontecido com ela! Nem tenho mais certeza de que Deus exista. *Se* existir, bem, não quero ter nada a ver com esse tipo de Deus, capaz de deixar uma coisa dessas acontecer.

Sua linha de raciocínio era lógica. Apresentava argumentos justos. A verdade é que, em meio à dor e à raiva, uma tentação genuína é começarmos a enxergar Deus dessa maneira. Eu diria até que, toda vez que sentimos dor, o nosso Inimigo procura aproveitar para erguer uma barreira entre nós e Deus. Mas fé não tem a ver com lógica. Fé não é um problema matemático, ou de linguagem, ou mesmo filosófico; é uma questão de coração.

Não vivenciei a perda daquele homem. Mas sinto sua dor do mesmo jeito. Mais ainda, pude ver que, por baixo da dor, ele queria confiar em Deus. Só que, naquele momento, não conseguia conciliar a dor que experimentava com a imagem de Deus em que desejava crer.

Escrevi este livro a todos que lutam para acreditar que Deus se importa com eles, em especial para as pessoas que se encontram no meio de uma crise. Quando se atravessa um vale aos tropeções, é difícil ver a luz. Você quer crer, mas tem dificuldade para conciliar a mensagem plena de esperança da fé cristã com o que vê ao redor.

O que torna o assunto pessoal para mim é o fato de minha família estar vivendo uma provação extremamente dolorosa. Como o pai que sofria pelo filho sobre o qual lemos aqui, enfrento um sofrimento profundo relacionado com a Mandy, a minha segunda filha. Duas semanas apenas antes de Mandi se casar com James, ela soube que tinha mononucleose infecciosa. Acabou vencendo essa doença de certo modo comum apesar de incômoda, mas seu corpo nunca se recuperou por completo. Hoje Mandy luta contra problemas físicos graves que têm confundido os especialistas. Aos 21 anos de idade, ela foi obrigada a parar de trabalhar. Consultamos mais médicos do que fui capaz de contar. E ela continua sofrendo.

Agora mesmo, enquanto digito estas palavras, acabamos de reservar passagens para Mandy e o marido voarem até a Clínica Mayo, na esperança de que os médicos daquele lugar sejam capazes de diagnosticar o que vem provocando seus problemas físicos. Estes são os atuais questionamentos que tenho feito para Deus:
Por que ela? Mandy o ama, Deus. Sempre o amou.
Por que tão perto de ela se casar?
Por que o Senhor não a cura?
Por que não podemos ter ao menos um diagnóstico?

Não só estamos oprimidos por dúvidas sinceras como também enfrentamos temores diários. Se conhecesse os detalhes das lutas físicas travadas por Mandy, você compreenderia por que oramos tantas vezes por dia para que ela não esteja enfrentando algo que ponha sua vida em risco.

Assim, enquanto imagino que desafios você pode estar enfrentando, saiba que escrevo de um lugar de dor e esperança simultâneas. Dor no presente e esperança para o futuro. Às vezes, no entanto, a dor parece gritar, ao passo que a esperança se limita a sussurrar. E às vezes tudo isso leva você a duvidar se Deus enxerga a sua dor, reage a ela e se importa.

Se você está enfrentando dificuldades, talvez se identifique com outro cético da Bíblia, um profeta menor tantas

Esperança na escuridão

vezes negligenciado, com um dos nomes mais difíceis de pronunciar: Habacuque. Esse nome fala do mesmo tipo de paradoxo, dos mesmos sentimentos conflitantes que vimos quando Jesus se dirigiu ao pai do menino possesso, que minha amiga Marci experimentou ao perder a Chloe. Habacuque significa tanto lutar quanto abraçar. É o tipo de abraço que ao mesmo tempo quer agarrá-lo e empurrá-lo para longe. É a dor do que você vê e sente, e a esperança de que Deus ainda o acompanha. Habacuque é o coração que deseja crer enquanto recua diante dessa possibilidade.

Se você passa por dificuldades, espero que esteja disposto a *lutar*. Muita gente parece buscar um Deus que se possa explicar em um adesivo para carros, com quem a vida seja transparente, fácil e livre de problemas e cujas respostas sejam inteligentes, incisivas mesmo. Mas a vida nunca é transparente. Está longe de ser fácil. E jamais se apresenta livre de problemas. Por isso acredito que encaixar Deus em uma definição simplista é não só insensato como perigoso. Para conhecê-lo de verdade, você precisa batalhar em meio à dor, lutar contra dúvidas sinceras e inclusive conviver com perguntas sem respostas.

Por isso, se não afirmo que Deus é seu copiloto ou que a Bíblia assim o diz e isso liquida a questão, uma coisa garanto: se você lutar com ele, buscá-lo, agarrar-se a ele, Deus o encontrará na sua dor.

Parte 1

Esconde-
-esconde

1.1
Onde o Senhor está, Deus?

Os seres humanos não admitem o desespero com facilidade. Quando acontece, o Reino dos céus chega mais perto.

— Philip Yancey

Provações dolorosas são solo fértil para sementes de dúvida. Mas a vida não precisa desmoronar para que se comece a questionar a presença e a bondade de Deus. Minha primeira peleja com a dúvida não ocorreu durante um período difícil; pelo contrário, aconteceu em um momento na verdade bem banal na igreja, dentre todos os lugares. Minha família frequentava a igreja com alguma regularidade. Criança ainda, era natural eu presumir que todas as outras famílias agiam da mesma forma. Supunha também que tudo que ouvia sobre Deus era verdade, como sabia que dois mais dois são quatro e que o *Dallas Cowboys* era o melhor time de futebol americano da liga nacional. Mas, então, sentado no banco da igreja numa manhã de domingo com meus 10 ou 11 anos, um enxame ensurdecedor de perguntas de repente se abateu sobre mim e começou a ferroar a minha consciência. *E se tudo isso em que sempre acreditei não for verdade? E se Deus não existir?* E, se ele existir, será que tem *algum envolvimento com a nossa vida — com a* minha *vida? Ele se importa de verdade?*

Olhei à minha volta, tentando ver se mais alguém se debatia com os mesmos pensamentos intrusivos. Ninguém, ou pelo menos nenhum adulto, parecia nem um pouco apreensivo ou incomodado. (Mais tarde aprendi que as aparências enganam.) Não que de repente eu parasse de crer no que o pregador estava dizendo; para ser franco, nem me lembro de suas palavras. Mas ficou claro para mim que o alicerce da minha jovem realidade começara a se desmantelar.

Quanto mais pensava nas dúvidas que estavam me ocorrendo, mais incertezas parecia ter. Se Deus estava no controle (como se esperava que acontecesse), então por que tamanha sucessão de coisas ruins? Verdade que a minha vida era bem boa, eu tinha pais amorosos e o bastante para comer, além de uma casa quente e aconchegante. Mas também tinha idade suficiente para perceber que muita gente não dispunha de nada disso. Amigos meus viram os pais atravessarem um divórcio amargo e inflamado, e outros amigos só contavam com um dos pais em casa. Conheci crianças que ficaram tão gravemente enfermas que foram obrigadas a abandonar a escola. Como nunca antes, as manchetes dos jornais começaram a penetrar a minha mente povoada por uma multidão de desenhos animados, despertando-me para coisas ruins que aconteciam no mundo todos os dias: guerras, assassinatos, pobreza, corrupção.

E a partir do momento em que esses questionamentos se infiltravam, não saíam mais da minha cabeça. Era como se tivessem encontrado uma passagem secreta até o meu consciente, e eu me perguntava se algum dia conseguiria me livrar deles. Durante anos, travei uma verdadeira guerra contra um dilema espiritual particular. Se você me perguntasse: "Você é cristão?", eu responderia: "Claro". Quase todo o mundo que eu conhecia na época diria a mesma coisa. Afinal, não éramos budistas nem muçulmanos. Declarava-me cristão, mas a minha vida não se parecia com a de Cristo. Eu guardava em segredo a incerteza quanto ao que cria de fato acerca de Cristo. Se ele era real, eu presumia que as minhas dúvidas o desapontavam — ou coisa pior.

Só na faculdade compreendi realmente o evangelho e o que significa seguir Jesus. Pela primeira vez na vida, comecei a ler a Bíblia. Fiquei chocado ao descobrir que algumas personagens bíblicas tinham dúvidas como eu. Graças a Deus, muitas histórias e ensinamentos da Bíblia tratavam de uma porção de questões sobre as quais eu me perguntava em silêncio havia anos. Não que de repente eu tivesse encontrado um mata-moscas gigantesco que me permitisse abater todas as dúvidas de um só golpe. Estava mais para a descoberta de novos caminhos no meio de um bosque já familiar. Eu ainda via as árvores — todas as coisas ruins do mundo —, mas agora também enxergava uma trilha conduzindo à clareira mais adiante. As árvores continuavam à minha volta, mas não mais me impediam de seguir em frente.

Até eu dar de cara com uma sequoia gigantesca no seminário.

—VEJAM O QUE EU PENSO DESTE LIVRO! —EXCLAMOU O PROFESSOR de Novo Testamento, atirando a Bíblia com desprezo do outro lado da sala. — Chegou a hora de vocês aprenderem a verdade sobre os contos de fadas em que têm baseado a sua fé. Você pode ter dificuldade para acreditar nessa história, mas aconteceu de verdade. Embora eu tivesse alguns professores fantásticos no seminário, homens e mulheres de fé que me ajudaram em minha preparação para ser um pastor eficaz, outros demonstraram uma hostilidade surpreendente não só contra tudo que eu fora criado para acreditar, mas inclusive contra Deus. Como a própria vida, a minha experiência no seminário foi um passeio de montanha-russa em termos de fé e dúvida, desespero e esperança.

A decisão que tomei de frequentá-lo já era incrível o suficiente. Quando senti que Deus me chamava para o ministério, fiquei tão surpreso quanto todo o mundo. Não que relutasse; entretanto, na condição de ex-estudante de administração de empresas, membro de fraternidade, desportista e meio maluco que se tornou cristão, eu não me enquadrava muito bem no estereótipo existente na minha cabeça de como deveria ser um pastor. Pela graça de Deus, o meu pastor me convidou para integrar a equipe da igreja ajudando a alcançar alguns jovens que estavam se perdendo. Recém-casados, Amy e eu nos enchemos de entusiasmo, honrados por servir a Deus em tempo integral na nossa igreja.

Quando ficou evidente que um diploma de seminário seria um passo importante no meu desenvolvimento — e necessário para meu futuro —, matriculei-me, ainda trabalhando período integral. Apesar de ficar intimidado com a ideia de acumular tanto trabalho extra e estudo, empolgava-me a perspectiva de fortalecer a minha fé e me equipar melhor para cumprir tudo o que sentia que Deus me levava a fazer.

Imagine, portanto, o meu choque quando descobri uma atitude cínica e libertina entre alguns professores e alunos. Pelo modo como falavam, só alguém ingênuo ou ignorante creria na literalidade da Bíblia como Palavra de Deus e a aceitaria como tal.

Sem dúvida, o meu professor de Novo Testamento era o pior ofensor. Não acreditava que Jesus dissera nem fizera a maior parte do que encontramos registrado nos Evangelhos. De acordo com ele, Paulo só escreveu algumas das cartas que lhe atribuímos, e João devia estar se recuperando de uma viagem ruim patrocinada por alguma droga quando escreveu o Apocalipse.

Fiquei chocado. Devastado. Aquele sujeito colecionava mais diplomas do que os meus troféus de tênis. Era brilhante e inclusive reverenciado em alguns círculos teológicos. Alguém com essas credenciais *tinha* de saber do que estava falando, certo? De repente, as dúvidas que eu imaginava mortas e enterradas ganharam vida outra vez. O que ele dizia podia ser verdade? Seria possível que a Bíblia não fosse realmente atemporal, a Palavra inspirada de Deus? E Deus, era real? Mas e se *nada* disso fosse verdade? Todas as minhas dúvidas anteriores inundaram-me a mente de novo. Criança, eu não contara para ninguém por medo do que pudessem pensar. Adulto — e pastor —, fiquei paralisado pelo medo. Ninguém podia saber. O que iriam pensar? Não havia nada pior que um pastor com dúvidas da própria fé.

Por isso travei árdua batalha com as minhas dúvidas durante algum tempo, com a dolorosa consciência das muitas árvores altas que bloqueavam o meu caminho. No entanto, acabei reunindo coragem para me abrir com duas pessoas: o meu pastor e outro professor. Esses mentores sábios e maduros não me criticaram nem depreciaram as minhas dúvidas; deram-me permissão para lutar. Em seguida, ajudaram-me a retornar à verdade. Para mim foi o máximo quando me contaram com toda franqueza suas próprias batalhas e explicaram como Deus os sustentara em meio às dúvidas.

Esses dois exemplos vivos me ensinaram que encarar com sinceridade as minhas dúvidas poderia fortalecer-me a fé e e que Deus se mostraria fiel por meio desse processo.

A minha fé podia estar respirando por aparelhos, mas não sobreviveu apenas; ela cresceu e se fortaleceu. Como se Deus abrisse uma trilha passando pelo meio de uma floresta de dúvidas.

Pelo menos até o obstáculo seguinte bloquear o meu caminho.

É TENTADOR PENSAR QUE ALCANÇAREMOS UM PONTO NA VIDA EM que seremos obrigados a contestar tudo em que cremos e então, após essa luta, nunca mais duvidaremos. A verdade, no entanto, é que pomos a prova nossas crenças dia após dia. Toda vez que você decide como reagir a alguém que o tratou com rispidez, as suas crenças ocupam posição de destaque. Toda vez que sente aquela dor no corpo voltar, lembrete da cirurgia de emergência pela qual continua pagando dois anos depois, você se pergunta se irá se recuperar não só física como financeiramente.

Quando o carro quebra no mesmo dia em que o seu cônjuge estoura a conta do banco, você enfrenta o dilema de como reagir — e, mais importante que tudo, de qual será o fundamento para a sua reação. Quando está lendo notícias em um aplicativo e saltam aos seus olhos manchetes sobre a iminente ação militar contra mais um país belicoso, a mais recente vítima de um assassino em série ou o número de mortos em um acidente de trem, você é forçado a confrontar as próprias convicções — sobre a natureza humana, sobre a vida e sobre Deus.

Quanto mais eu vivo e mais busco conhecer e compreender a Deus, mais me certifico de que as dúvidas são essenciais para a nossa maturidade como cristãos. Se desejamos uma fé mais forte, talvez seja uma boa ideia permitir que as nossas dúvidas permaneçam enquanto trabalhamos para elucidá-las, em vez de tentar ceifá-las do caminho de uma vez.

A julgar pelo que vejo nas Escrituras, tenho convicção de que Deus honra aqueles que buscam e anseiam sinceramente pela verdade, exatamente como o pai do menino que almejava acreditar a ponto de pedir a Deus para ajudá-lo a vencer a própria descrença (v. Marcos 9.21-24). Talvez você se identifique com isso. Você é como tantos outros que querem acreditar, mas sentem que a vida se intrometeu no caminho.

Mais de um terço do livro de Salmos é composto de orações ou cânticos de pessoas em sofrimento. Esses poemas inspirados costumam articular a nossa dor para nós quando não conseguimos encontrar as palavras.

> Misericórdia, SENHOR, pois vou desfalecendo!
> Cura-me, SENHOR, pois os meus ossos tremem:
> todo o meu ser estremece.

Até quando, SENHOR, até quando? [...]
Estou exausto de tanto gemer.
De tanto chorar inundo de noite a minha cama;
de lágrimas encharco o meu leito.
Os meus olhos se consomem de tristeza;
fraquejam por causa de todos os meus adversários.
— Salmos 6.2,3,6,7

Você se identifica com a dor de Davi? Ele está exausto. Esgotado. Deprimido. E só. Tem derramado muitas lágrimas, não consegue mais chorar. Não que desacredite de Deus; com certeza acredita. É um homem segundo o coração do próprio Deus (cf. Atos 13.22). Apenas não consegue compreender por que o Deus dotado de poder para mudar suas circunstâncias, aquele que o alçou de simples pastor a rei de uma nação, não o faz.

Os autores de Jó, Lamentações, Eclesiastes e Jeremias expressam todos confusão, dúvida e a dor do sofrimento insuportável enfrentado por cristãos fiéis. Até Jesus questionou a vontade do Pai no jardim do Getsêmani ao lutar para aceitar o que teria de sofrer na cruz, da qual ele então clamou em agonia: " '[...] Meu Deus! Meu Deus! Por que me abandonaste?' " (Mateus 27.46).

Pode ser que, de certa forma, Deus nos permita duvidar dele às vezes. Talvez ele saiba que essa é uma das maneiras de nossa fé se fortalecer. Uma das melhores maneiras.

Entendo que essa é uma declaração controvertida. Você pode discordar. Contudo, o que me trouxe a esse lugar foi o *meu* entendimento da Bíblia. Além das passagens das Escrituras que acabo de citar, há mais uma que nos dá permissão para questionar Deus, se nos dispusermos, em troca, a lhe dar ouvidos.

Mais de 2.600 anos atrás, Habacuque fez várias das mesmas perguntas que pessoas do mundo todo continuam fazendo ainda hoje. Em sua graça, Deus aliviou parte da angústia do profeta, ao mesmo tempo que deixava outras perguntas sem resposta. À parte suas dúvidas, Habacuque se transformou em alguém com uma fé mais rica, que poderia não ter se desenvolvido em plenitude caso não batalhasse em meio a tantas dúvidas.

Pense bem. Se entendesse tudo completa e absolutamente, você não necessitaria de fé, necessitaria? Acontece que sem fé é impossível agradar a Deus (v. Hebreus 11.6). Por quê? Porque a fé e a confiança devem emergir do amor, não de uma relação comercial, de uma transação ou situação em que não temos alternativa.

Você está disposto a propor perguntas sinceras? A lutar?

E o mais importante: está disposto a *ouvir com atenção* a resposta de Deus?

1.2
Por que o Senhor não se importa?

Não sei se Deus existe, mas seria melhor para a reputação dele que não existisse.

— Jules Renard

A maior parte das nossas séries policiais e filmes de suspense se baseia no livro de Habacuque, do Antigo Testamento. Pois bem, antes que você pense que enlouqueci, ouça-me até o fim. Se você tem assistido a programas de TV ou filmes nos últimos tempos, é provável que tenha encontrado os chamados anti-heróis, gente que faz coisas ruins apesar das boas intenções.

Na tela grande, não nos surpreendemos mais quando há corrupção no governo ou na polícia. Hoje é esse o enredo padrão. Chegamos a comemorar quando os anti-heróis burlam as leis de todas as maneiras possíveis, mas acabam sujeitando mentirosos, trapaceiros e assassinos "à justiça".

Por quê? Pelo fato de, como eles, estarmos cansados de gente corrupta, imoral e antiética se safando com seus crimes. Temos nojo dos bandidos, sejam eles traficantes que se livram de acusações de delitos por meio de suborno, sejam executivos que recebem bônus de sete dígitos ao mesmo tempo que eliminam milhares de postos de trabalho de suas empresas.

Talvez a razão pela qual gostamos dessa fartura de anti--heróis no cinema seja por eles terem o poder de derrotar vilões que não demonstram a menor consideração pela vida humana nem jogam segundo as regras. Capitão América, Homem de Ferro e Thor, todos parecem agir como gostaríamos que Deus agisse de vez em quando, mas não o faz. Não são chamados de Vingadores por acaso!

INJUSTIÇA. CORRUPÇÃO. INDIFERENÇA. Essas coisas são problemáticas desde o início da criação. O profeta Habacuque não é o primeiro a chamar a atenção para esse fato, mas sem dúvida está entre os primeiros e mais passionais. No reinado de Jeoaquim, Habacuque testemunhou corrupção, escândalo e violência capazes de corar o Poderoso Chefão. Mesmo entre o povo do próprio Deus, os conflitos costumavam ser resolvidos por meio da vingança. As autoridades fingiam não ver quando criminosos riquíssimos depositavam moedas na palma de suas mãos. O tempo todo, os pobres eram vítimas de falsas acusações e castigos em virtude de crimes cometidos por seus senhores abonados. Como resultado, alguns começaram a fazer justiça com as próprias mãos, não muito diferente das personagens que aplaudimos na TV e nos filmes. Era uma confusão.

Nada disso difere muito da nossa cultura. Mesmo que você não tenha de lidar com algo doloroso ou injusto em sua vida no momento, há de reconhecer que com certeza ainda se aplica a nós, hoje, o que Habacuque viu ao redor.

Por que o Senhor não se importa?

> Até quando, SENHOR,
> clamarei por socorro,
> sem que tu ouças?
> Até quando gritarei a Ti: "Violência!"
> sem que tragas salvação?
> Por que me fazes ver a injustiça,
> e contemplar a maldade?
> A destruição e a violência estão diante de mim;
> há luta e conflito por todo lado.
> Por isso a lei se enfraquece,
> e a justiça nunca prevalece.
> Os ímpios prejudicam os justos,
> e assim a justiça é pervertida.
> — Habacuque 1.2-4

Amo a sinceridade das perguntas de Habacuque: "Quanto tempo terei de clamar por socorro? Deus, eu *sei* que o Senhor pode fazer alguma coisa a esse respeito. Por que não o faz?". O profeta lembra ao Senhor que se espera dele que seja um Deus justo; no entanto, ele vem tolerando o pior tipo de violência e injustiça.

Como você reage quando experimenta a injustiça?

Digamos que você tem certeza de que fez por merecer uma promoção no trabalho, mas seu chefe o ignora em favor de alguém menos dedicado. É injusto. Você sente vontade de pedir a conta, mas precisa do dinheiro. Está em um beco sem saída.

Ou você deu duro no trabalho de conclusão de determinada matéria. Está certo de que vale um A, por isso não acredita nos próprios olhos quando ele retorna às suas mãos com um C.

Ou finalmente você compra o carro que sempre desejou, só para ser surpreendido dois dias depois com um arranhão de 20 centímetros de comprimento na lateral, cortesia de alguém preguiçoso e negligente ao manobrar para estacionar.

Pode ser que exemplos como esses o deixem louco de raiva, mas são apenas fatos que você aprendeu a aceitar. Fazem parte da vida e ponto final. A vida é assim mesmo, certo? Mas há coisas não tão fáceis de aceitar. Coisas envolvendo injustiças que superam tudo que você já imaginou. Enganação. Manipulação. Traição.

Há pouco tempo conversei com um amigo, pastor fiel por mais de duas décadas. Casado havia quase 30 anos, depois de criarem quatro filhos, um dia ele voltou para casa para tomar o choque de sua vida. A esposa decidira que não queria continuar casada. Uma velha chama, da época do ensino médio, entrara em contato com ela via Facebook. Uma coisa levou a outra, e ela retomara o relacionamento com o homem "que Deus destinara que se casasse com ela em primeiro lugar".

Depois que a esposa deixou meu amigo, os presbíteros da igreja dele começaram a falar. Concordaram que, em consequência de um escândalo como aquele, não convinha que ele liderasse a igreja. Podia renunciar ou ser demitido: a "escolha" era dele.

O pobre homem desgastado relatou-me suas perdas no meu escritório e choramos juntos. Disse ele:

— Sei que Deus não me deve nada, mas hoje não tenho coisa alguma. Depois de servi-lo a vida inteira, como ele pôde permitir que eu acabasse divorciado e desempregado? É simplesmente... muito injusto!

Por que o Senhor não se importa?

Não pude discordar.

Onde estava o Deus que ele servira aqueles anos todos? Onde está Deus quando alguém frauda a sua empresa, mas depois, no momento em que é pego, declara falência, de modo que você jamais conseguirá recuperar o dinheiro que lhe foi roubado?

Ou o que dizer à mulher do seu pequeno grupo que perde o marido — um sujeito amoroso, dedicado e trabalhador de quem todo o mundo gostava — em um ataque do coração aos 35 anos? Ainda mais quando você pensa na quantidade de pessoas arrogantes e mesquinhas que conhece e continuam saudáveis, com muitos anos de vida?

Ou então quando alguém que você amou e em quem confiou durante anos o trai? Todo o mundo considera essa pessoa uma cristã vigorosa, o que confunde você, pois não consegue entender como alguém decente — e que afirma seguir a Cristo — é capaz de espalhar fofocas a seu respeito com base no que você lhe confiou ao compartilhar um pedido de oração.

Talvez você tenha provado o gosto amargo da injustiça em primeira mão. Fez de tudo para criar os filhos com amor, debaixo de terna disciplina e com o melhor que podia propiciar; no entanto, eles quebrantaram o seu coração. Mesmo depois de você lhes dar tudo de si, hoje estão viciados em drogas, roubando dinheiro da sua gaveta para obter a próxima dose. Em toda a sua volta, os filhos dos seus amigos parecem felizes e bem-sucedidos, jovens profissionais se formando na faculdade, conseguindo bons empregos, indo à igreja, casando-se.

Talvez você tenha investido tudo que podia no casamento, só para vivenciar uma traição tão inesperada que a sensação é particularmente cruel. Você pensou que conhecesse seu cônjuge, mas agora... isso? Depois de tudo que passaram juntos, aparece alguém do trabalho oferecendo mais? Sério mesmo?

Você está arrasado, destruído e só. Não importam as circunstâncias. Cedo ou tarde, todos experimentamos os golpes cruéis da vida. Levamos um soco no estômago ou um murro no queixo quando não estávamos olhando. Nossa alma fica estirada no chão até se esvair em sangue.

Claro, você ora. Tenta perdoar. Lê a Bíblia. Reclina-se sobre os ombros fortes dos amigos e familiares cristãos. E ora mais um pouco.

Mas as coisas só parecem piorar. Os golpes da vida se tornam implacáveis, um atrás do outro. Seu coração é maltratado e ferido, sua alma fica marcada e cheia de cicatrizes da decepção e da tristeza. O ódio o entorpece, a dor o paralisa.

Ocorre-lhe então perguntar: *Deus não se importa com o que acontece comigo? Permitirá que me afogue em tanta coisa ruim? Ele é Deus; portanto, não há dúvida de que é poderoso o bastante para fazer algo, para mudar tudo. Por que não o faz?*

Habacuque apresentou essas mesmas perguntas milhares de anos atrás.

1.3
Por que o Senhor não faz alguma coisa?

Ver tanta pobreza em toda parte me faz pensar que Deus não é rico. Ele dá a impressão de ser, mas suspeito de algumas dificuldades financeiras.

— Victor Hugo, *Os miseráveis*

Se ao menos a vida fosse como uma série de comédia na TV.

Na minha infância e adolescência, não havia corrupção e violência em tantos detalhes na TV — os anti-heróis todos de que acabamos de falar. Melhor assim, acho eu, pois imagino que os meus pais não me deixariam assistir a esses programas. De modo que cresci na base de uma dieta regular de séries cômicas clássicas: *The Brady Bunch* [*A família sol-lá-si-dó*], *Happy Days* [*Dias felizes*], *The Andy Griffith Show* [*O show de Andy Griffith*] e o escandalosamente *sexy Three's Company* [*Um é pouco, dois é bom, três é demais*].

As fórmulas eram previsíveis demais, mas muito satisfatórias. Personagens familiares enfrentavam um problema inesperado que propiciava abundância de tiradas bobas e situações engraçadas. Até que, pouco antes de terminar o episódio, Fonz, de *Happy Days*, ou o xerife Taylor, do *The*

Andy Griffith Show, ou Alice, a empregada de *The Brady Bunch*, ou Janet e Jack, de *Three's Company*, solucionavam o problema e tudo voltava a ser perfeito em um período inferior a 30 minutos — menos até, na verdade, considerando os intervalos comerciais! Apesar de saber que o mundo real não funcionava assim, era difícil para mim não desejar que a vida seguisse um roteiro parecido.

Em algum momento, todos nos damos conta de que as arestas pontiagudas da realidade pouco têm em comum com as superfícies lisas e lustrosas da vida na TV. Pode ser que tudo comece em tenra idade, com os contos de fadas e os filmes da Disney, a maioria dos quais termina bem. Mas, quando se está sendo perseguido não pelo Lobo Mau, mas por uma alcateia inteira de lobos vorazes com nomes como Câncer, Falência, Vício e Divórcio, fica difícil acreditar em final feliz.

Quando você é atropelado por um motorista bêbado e precisa de meia dúzia de cirurgias na espinha só para conseguir voltar a andar, quem haveria de imaginar que acabaria viciado em analgésicos?

Quando você dorme por aí, faz um aborto antes de se tornar cristã e mais tarde se apaixona pelo homem que se tornaria seu marido, quem poderia imaginar que não conseguiria engravidar de novo?

Quando roga a Deus por um filho e ele o atende, quem poderia saber que você perderia seu cônjuge para o câncer e acabaria trabalhando em três empregos como pai ou mãe solteiro?

Quando você toma alguns drinques — bem menos que todos os demais presentes em uma festa —, quem adivinharia

Por que o Senhor não faz alguma coisa?

que acabaria fichado na polícia por dirigir embriagado, resultando em diversos obstáculos para sua vida profissional? Via de regra, a vida não segue o roteiro que você escreveria para a própria história. Enquanto lida com as injustiças da vida, mesmo se a sua cabeça *for* capaz de elaborar todos os tipos de soluções habilidosas, a parte complicada é ter poder para implementar qualquer um deles.

SE VOCÊ FOSSE DEUS, SABERIA COMO TERMINAR O ÚLTIMO episódio da comédia da sua vida. Você se recupera de uma cirurgia e corre a primeira maratona da sua vida. É aceito na sua faculdade favorita com bolsa integral. Você e o seu marido oram juntos em meio ao calvário da infertilidade e se apaixonam mais um pelo outro, para então adotarem uma linda menininha. Você luta para sobreviver sem o seu cônjuge, até conhecer um milionário incrível, solteiro, esplêndido e temente a Deus no pequeno grupo da igreja.

Claro, se tivesse esse poder, talvez você não *se limitasse a* criar finais felizes. Pode ser que fosse mais longe: também castigaria todas as pessoas egoístas, arrogantes e mesquinhas que parecem escapar impunes depois de cometerem um assassinato (literal e figurado). Os grandes traficantes que saem à caça dos mais vulneráveis, fisgando-os com um doce veneno que os conduzirá à morte inevitável. Os vilões que abusam de crianças e enganam cidadãos da terceira idade. Os trapaceiros detentores do poder que criam armadilhas no sistema de modo que se aproveitam dos pobres. Os monstros que estupram mulheres para se sentir homens e alimentar os próprios desejos. As mulheres que manipulam homens para conseguir o que querem.

Esperança na escuridão

Se você fosse Deus, talvez providenciasse para que essas pessoas malignas sofressem as consequências de seus atos. Haveria de se certificar de que experimentassem igual porção da dor, da perda e da injúria que causaram. Que sofressem *no mínimo* tanto quanto suas vítimas.

Todavia, por mais que pensemos saber, a realidade é esta: não somos Deus, e não sabemos mais do que ninguém. Em geral, quando queremos que Deus faça determinada coisa, a solução não exigiria muito da parte dele. Um rápido aceno de cabeça. Uma palavra proferida. Uma oração respondida. No grande esquema das coisas, apenas um pequeno milagre. Se ao menos ele me permitisse ser recompensado por todo o meu trabalho duro! Ou curasse o meu filho enfermo! Ou ajudasse o meu amado ou amada a superar a depressão! Ou destruísse o meu vício sexual! Ou trouxesse o meu filho pródigo de volta para casa! Ou me deixasse ao menos ganhar na loteria!

À medida que aprendemos a confiar em Deus, temos de reconhecer alguns daqueles que considero os fundamentos do crescimento na fé em Cristo: temor. Respeito. Reverência. Gratidão por Deus ser Deus. A aceitação das nossas limitações como seres humanos. Não somos capazes de saber tudo ou de enxergar o interior do coração das pessoas. Não temos como saber tudo que aconteceu antes na História. E com certeza não podemos enxergar de antemão como tudo se desdobrará.

Mas Deus pode.

Como um mestre contador de histórias, ele está compondo um épico em que permite que cada um de nós desempenhe um papel importante. Não há personagens menores ou

Por que o Senhor não faz alguma coisa?

figurantes na narrativa divina. Todos somos essenciais. Ele jamais nos abandonará e age de tal forma que tudo coopere para o nosso bem.

Assim, quando sofremos, esbravejando sem parar contra toda a injustiça da vida, faríamos bem em nos lembrarmos de que há muito mais acontecendo do que somos capazes de enxergar ou compreender a partir da nossa perspectiva limitada. Vemos um fragmento minúsculo de uma história bem maior, talvez apenas uma frase ou um parágrafo ou quem sabe uma única página.

"DEUS, POR QUE O SENHOR NÃO FAZ ALGUMA COISA?" TALVEZ seja a pergunta que atinge o cerne das nossas dúvidas mais profundas. Resumindo, pedimos a Deus que concilie o que cremos com o que vemos à nossa frente. Como se as leis da natureza que *pensamos* serem verdadeiras — você sabe, como a gravidade — de uma hora para outra desaparecessem. Quando sofremos nesse nível, parecemos enxergar maçãs caindo das árvores e flutuando céu afora.

Quando as nossas crenças sobre o poder, a bondade, o amor e a generosidade de Deus entram em conflito com os terríveis acontecimentos que têm lugar neste mundo, sentimo-nos tão soltos como essas maçãs sem peso. Como um Deus bom permite que terroristas colidam aviões com arranha-céus? Ou que atiradores massacrem estudantes dentro de escolas ou a plateia no interior de um cinema? Que tipo de Deus Todo-poderoso (veja o absurdo) permitiria que crianças nascessem com AIDS, leucemia e todo tipo de doenças incapacitantes?

Quando os nossos olhos testemunham essas cenas de partir o coração, como a nossa alma pode acreditar que Deus se importa conosco? Ele compreende a sua dor. E mais, incentiva-o a lhe apresentar suas dúvidas. Preferiria vê-lo gritar e vociferar com ele a abandonar o relacionamento entre vocês a um silêncio frio. Sinta-se livre para derramar o coração para ele, como fez Davi em Salmos 56.8: "Registra, tu mesmo, o meu lamento; recolhe as minhas lágrimas em teu odre; acaso não estão anotadas em teu livro?". Deus acolhe a sua angústia e até a sua raiva, mas você não precisa parar por aí. Depois de expor feridas e questionamentos — depois de se exaurir socando-lhe o peito — ouça.

Abra o coração ferido diante de Deus, e ele falará. Porque, apesar de ser Onipotente e de dominar sobre seu Reino, Deus também se importa profundamente com você. Ama-o e nunca o abandonará. Na verdade, costuma ser no seu momento mais profundo de necessidade que ele o encontra, consola e eleva a um lugar em que a cura pode enfim começar. Mas só se você estiver disposto a ouvir.

1.4
Parece injusto

Nossa visão é limitada a ponto de mal conseguirmos imaginar um amor que não se revela na proteção contra o sofrimento. O amor de Deus não protegeu seu próprio Filho.

— Elisabeth Elliot

Um dos filmes mais tristes e deprimentes a que já assisti deve ser *A escolha de Sofia*. Era criança quando foi lançado, de modo que só o vi depois, já crescido. Àquela altura, ouvira falar muito dele. Meryl Streep até havia ganhado o Oscar por sua atuação como Sofia, imigrante polonesa que vivia no Brooklyn.

Por favor, não me entenda mal: o filme é soberbo, ao menos no que diz respeito à atuação, ao figurino, à música e à cenografia. Mas a história é para lá de triste. Como não consigo recomendá-lo para ninguém, lanço aqui o alerta de que vou estragar o final para então lhe contar de uma vez qual é de fato a escolha de Sofia. Por meio de *flashbacks* de recordações angustiantes dessa mulher, acabamos conhecendo a terrível verdade que a assombra.

Prisioneiros em Auschwitz durante a Segunda Guerra Mundial, Sofia e seu casal de filhos pequenos aprenderam a fazer tudo que fosse preciso para sobreviver. Mas depois, como se não bastasse tanta crueldade, os encarregados deles propõem um ultimato repugnante à jovem mãe. Ela precisava escolher o destino dos filhos: um iria para um campo de trabalho forçado, o outro para a câmara de gás. Caso se recusasse a decidir, as duas crianças seriam mortas. Para salvar um deles, Sofia tinha de perder o outro para sempre. Ela acaba fazendo sua escolha e, anos mais tarde, a dor enfim insuportável lhe tira a própria vida. Como disse, é o melhor e o pior filme que já vi. Mas nunca consegui esquecê-lo. Pai de seis crianças, não sou capaz nem de começar a imaginar como seria ter de escolher um deles em detrimento de qualquer outro.

SE PENSAR BEM A RESPEITO, A VIDA NÃO FOI JUSTA COM JESUS. Ele era perfeito em todos os sentidos. Amou o que ninguém amava. Curou o ferido. Importou-se com os proscritos. Tocou os intocáveis. Se observarmos sua história do ponto de vista de Deus, Jesus poderia defender a mesma tese que nós: a vida não é justa.

Não era justo que ele tivesse de sofrer açoites, zombarias e espancamento. Não era justo que os guardas romanos enfiassem estacas em seus punhos e calcanhares, pendurando-o sem piedade sobre um instrumento de tortura e vergonha. Não era justo que cuspissem nele. Que o chamassem de nomes. E que rissem quando ele lutava para respirar. Nem era justo que Jesus — o Cordeiro sem pecados de Deus — se tornasse o sacrifício por pecadores imundos e vis como eu.

De modo que, quando sofre, duvida, explode em justa confusão ou raiva, pode encontrar consolo no fato de Deus o entender: a vida não é justa.

Parece injusto

É provável que a maioria de nós não pense muito na dor e na angústia que Deus, o Pai, com certeza experimentou com essa perda. Claro, não tenho a intenção de projetar as nossas emoções humanas em Deus. Mas, como *somos* criados à imagem dele, e porque podemos ver como Deus responde a seu povo ao longo de todas as Escrituras (expressando amor, ciúme e compaixão, para citar só algumas emoções), não acho que seja exagero da minha parte dizer que Deus sofreu debaixo de um fardo enorme enviando seu único Filho para nascer no nosso mundo maculado pelo pecado.

Mas era a única maneira de ele estabelecer um relacionamento com filhos e filhas terrenos. Dando-nos o livre-arbítrio como presente — e que, graças a Adão e Eva, não perdemos tempos em desembrulhar —, ele também nos permitiu viver em um mundo que sofre com nosso egoísmo e pecado. Deus tentou a abordagem direta, mas seu povo continuou se afastando dele, sempre à procura de caminhos para conseguir o que desejavam — ídolos, poder e engano, as mesmas coisas que deixaram Habacuque enlouquecido.

De modo que não é justo. Um Deus perfeito, santo e justo se descobriu separado de suas criações imperfeitas, terrenas, pecaminosas. Sacrificando Jesus — seu Filho —, ele criou uma ponte que nos permite conhecê-lo, ser perdoados dos nossos pecados e recriados à imagem de Cristo. No entanto, a fim de abrir mão do Filho (de novo, nada justo), Deus teve primeiro de permitir que Jesus sofresse de um modo que ao Pai deve ter parecido insuportável. O que me lembra de novo a decisão torturante de Sofia.

Philip Yancey, um dos meus autores prediletos nesse assunto, explica no livro *Onde está Deus quando chega a dor?* a motivação divina para tamanho sacrifício:

Esperança na escuridão

Para alguns, a imagem de um corpo pálido cintilando na noite escura sussurra a história de uma derrota. De que adianta um Deus que não controla o sofrimento de seu Filho? Contudo, pode-se ouvir outro som: o brado de um Deus gritando para os seres humanos: 'EU OS AMO'. O amor foi condensado por toda a história naquela figura solitária sobre a cruz, que afirmou ser capaz de conclamar anjos a qualquer momento em missão de resgate, mas que escolheu não fazê-lo — por nossa causa. No Calvário, Deus aceitou os próprios termos inquebrantáveis de justiça. Qualquer discussão sobre como a dor e o sofrimento se enquadram no plano de Deus, em última análise, leva de volta à cruz.[1]

Quando perguntam por que coisas ruins acontecem a pessoas boas, precisamos entender que o pior só aconteceu *uma vez*. E Jesus se ofereceu como voluntário para isso.

QUANDO ESTAMOS ATAREFADOS RECLAMANDO DE QUANTO A vida é injusta, em geral nos esquecemos de que Deus é absolutamente injusto. Sim, você leu certo.

Não só a vida é injusta como Deus também, nesse caso. Sendo mais claro, ele nunca é injusto segundo os padrões dele, mas com certeza o é de acordo com os nossos. E essa significa uma boa notícia para nós. Porque, se ele fosse justo (pelo nosso modo de entender), nenhum de nós teria a menor chance. Somos todos culpados do pecado. Por natureza somos egoístas, tanto nas pequenas coisas como nas grandes e dramáticas. Quando cometemos adultério ou assassinato

---

[1] YANCEY, Philip. **Onde está Deus quando chega a dor?** São Paulo: Vida, 2005.

Parece injusto

no coração, para Deus somos tão culpados quanto quem é denunciado e condenado por levar esses intentos às vias de fato. Pelo menos, foi o que Jesus disse.

Se recebêssemos o que merecemos, ficaríamos emperrados em nós mesmos, sem nenhuma esperança de transformação, de perdão, de vida eterna no céu. Só o tormento do arrependimento, a solidão terrível de saber que recebemos o que *pensamos* desejar — a rejeição da graça de Deus e que nos deixassem em paz. Perderíamos a alma para os nossos propósitos egoístas.

Entretanto, graças a Deus, não é assim que somos. Não somos animais, e sim *pessoas*, criados com uma arma imortal, tão amados por Deus que ele jamais desiste de nós. Mesmo quando ficamos bravos e magoados e descarregamos a raiva em cima dele. Mesmo quando duvidamos e o crivamos de perguntas. Mesmo quando não temos certeza do que cremos a seu respeito. Mesmo quando sentimos que não podemos confiar nele. Mesmo quando tentamos deixá-lo.

Com certeza, em Habacuque vemos alguém suscitando dúvidas difíceis — nesse caso, o profeta do próprio Deus. A palavra hebraica usada para descrever a mensagem de Habacuque é *massa*, que quer dizer "declaração ameaçadora, uma desgraça, um fardo". Talvez por sua disposição de dar nome ao elefante pisoteando tudo dentro da sala, o profeta dá início ao processo de reconstrução de uma fé mais vigorosa. E o que ele usa? Não apenas uma simples oração antes de jantar, mas uma declaração ameaçadora, uma desgraça, um fardo. Às vezes, o caminho de volta para Deus não é uma estrada tranquila, mas um caminho repleto de lombadas e minas terrestres. Entretanto, Deus nos oferece seu Espírito para nos guiar, conduzir, direcionar em meio ao labirinto de dúvidas e nos fazer retornar à segurança de sua presença, natureza e bondade.

E se reconhecer com sinceridade suas dúvidas, como fez Habacuque, for seu primeiro passo rumo a uma fé mais profunda? E se acolher as suas indagações secretas abrir a porta para um conhecimento mais maduro do caráter de Deus?

E se para chegar mais perto de Deus, desenvolvendo intimidade genuína com ele, for necessário que você suporte algo aparentemente insuportável? Que você o ouça durante uma declaração ameaçadora, confie nele na desgraça, acolha sua força ao se sentir fraco debaixo de um fardo? E se for preciso a dor real para experimentar esperança profunda e duradoura?

1.5
Crise de confiança

Sei que Deus não me dará nada com que eu não possa lidar. Só gostaria que ele não confiasse tanto em mim.
— Madre Teresa

Sabemos o que é ter uma experiência no topo da montanha. Para muitos de nós, foi assim que nos tornamos cristãos antes de mais nada. Tivemos uma experiência fantástica em que sentimos a presença de Deus de maneira real, tangível, arrebatadora. Percebemos seu amor, sua graça, seu poder, seu Espírito. Naquele instante, soubemos que desejávamos passar o resto da vida, bem como o resto da eternidade, a servi-lo, buscá-lo e torná-lo conhecido.

Com certeza é essa minha história. Depois de ler sobre a graça de Deus no segundo capítulo de Efésios, dirigi-me a um local em que pudesse ficar só, passando a arquibancada de *softbol* da minha universidade. Embora jamais conseguisse descrevê-la da forma adequada, a presença de Deus era tão real para mim naquele lugar quanto o almoço que eu acabara de comer na cantina. Eu podia *sentir* seu amor. *Perceber* seu perdão. *Ouvir-lhe* a voz mansa e serena chamando-me para perto. Foi então que aconteceu. Ajoelhei-me e, com minhas próprias palavras, pedi a ele que aceitasse a minha vida inteira. Ao me levantar, eu era uma pessoa diferente.

Esperança na escuridão

E a transformação espiritual começou! Não interessava onde eu estivesse, eu cria que Deus estava comigo. Compartilhei a fé com os meus irmãos da fraternidade, com os professores, com os parceiros de time e até com os adversários. Tinha a impressão de que Deus respondia a cada oração. Cada versículo bíblico que eu lia parecia ter sido escrito especialmente para mim. Para onde quer que eu fosse, era como se Deus desse as palavras para eu dizer e me mostrasse a diferença que eu podia fazer naquele local.

A princípio, parece que ser cristão é essa experiência maravilhosa. Você tem períodos poderosos de oração e estudo da Palavra. A cada dia, é como se os versículos da Bíblia saltassem das páginas, ministrando-lhe com perfeição. Os sermões dão a impressão de terem sido elaborados com um destinatário específico, tratando de algo que você está passando, ou esmiuçando um trecho das Escrituras que acabou de ler. Depois você encontra o mesmo versículo publicado na linha do tempo da rede social de alguém e sabe que Deus está falando com você. Entra no carro e a sua música favorita toca no rádio como se Deus a tivesse encomendado para você. Sente uma necessidade urgente de ajudar os amigos não cristãos e Deus lhe concede o tempo todo as palavras certas para dizer. Sabe que ele está ao seu lado. Se entra apressado no *shopping center*, uma vaga no estacionamento acaba de ficar livre bem diante dos seus olhos.

Então você sabe que está no topo da montanha.

Até que, a partir de determinado ponto, a vida começa pouco a pouco a voltar ao normal. E a presença de Deus parece ir desaparecendo. Sem nem se dar conta, você desceu da montanha, retornou ao mundo real e tem a impressão de

Crise de confiança

que a sua fé deixou de ser tão fantástica. Você ainda acredita em Deus, ainda vai à igreja, ainda tenta ler a Bíblia e orar quando dá tempo. Mas os sermões não são sempre só para você. Sua música favorita não toca mais no rádio. E as melhores vagas do estacionamento vivem todas ocupadas. De repente, a vida não acontece como você planejou ou esperava. Você considera vazias e rançosas as suas orações. Parece que Deus parou de ouvir. Alguém o trai. A sensação não é a de que Deus continua tão perto como antes. Você se sente desorientado, sem saber com certeza a sua posição em relação a Deus, se é que ainda tem alguma. Do alto do monte, você agora foi parar no fundo do vale.

Se isso nunca lhe aconteceu, espero que não aconteça. Mas desconfio que você saiba um pouco a que me refiro. Acordou um belo dia só para constatar que o fogo apagara. Sentia-se desanimado. Uma pequena luz laranja se acende, avisando que o seu reservatório de fé atingiu um nível perigosamente baixo. É nessa hora que atingimos o que o escritor e guru do *marketing* Seth Godin chama de "depressão", descrita por ele como o vale na curva da aprendizagem em que você tem de avançar devagar e fazendo enorme esforço para amadurecer na profissão, passando de novato a mestre. Embora Godin use a imagem para fazer observações perspicazes sobre *marketing* e progressão dentro de um campo escolhido, espero aplicá-la de maneira diferente: para o vale escuro que se tem de atravessar quando se desce do topo da montanha.

No livro *Conhecendo Deus e fazendo sua vontade*, Henry Blackaby descreve esse vale como "crise de confiança", período de luta na nossa vida no qual duvidamos de Deus e de sua bondade.² Via de regra, essa crise é propagada por um gatilho especial, como um desafio físico sério, um revés financeiro ou uma decepção relacional.

O gatilho costuma ser algo inesperado ou mesmo impensável. Às vezes, diversos acontecimentos menores, mas desafiadores, se sobrepõem, e a combinação de fardos se torna um peso esmagador capaz de levar a fé da pessoa a desmoronar. Cristo não disse que seu fardo era leve e seu jugo, suave (v. Mateus 11.30)? De repente, sair da cama pela manhã se torna uma experiência intimidante. Você não consegue imaginar como fará para chegar ao fim da manhã, muito menos de um dia inteiro. Onde está Deus agora?

Nesses momentos, a fé parece irrelevante. Quando o Titanic começa a afundar, é difícil se divertir com uma partida de *shuffleboard* no convés ou apreciar o quarteto de cordas tocando em cima do palco. Quando você não sabe se a rádio e a quimioterapia darão certo, ou de onde virá o dinheiro, ou quando você voltará a ver um filho, é difícil crer que orar, confiar e esperar fará alguma diferença. É difícil manter a fé quando se tem tão pouco controle sobre tudo mais na vida.

Às vezes, a dor é tão intensa que tudo em que se consegue pensar é em algum alívio. Você só quer que acabe. Pelo fato de o sofrimento imediato ser tão extremo, em vez de pensar em Jesus, você só pensa em fugir da dor em que se encontra. Mas esse pode se tornar um momento decisivo na sua jornada de fé. É quando você consegue experimentar a profundidade da graça de Deus de um modo impossível

---

² BLACKABY, Henry. **Conhecendo Deus e fazendo sua vontade.** LifeWay Brasil: São Paulo, 2003.

em situações melhores. A presença dele é real na sua dor. E fica ainda mais real no vale do que costumava ser no alto da montanha, se você conseguir reconhecer que o caminho é *atravessar*, não fugir.

Talvez por isso Blackaby veja essa crise como algo vital, um requisito para a fé cristã. Se quisermos nos tornar mais fortes na fé, mais comprometidos com Deus, mais apaixonados por Jesus, a nossa confiança será testada. *Deve* ser testada. Blackaby explica: "Algum dia Deus lhe pedirá alguma coisa de que você não é capaz? A resposta é sim, o tempo todo!". As pessoas podem lhe dizer que Deus não lhe dará mais do que você pode suportar. Conquanto seja provável que tenham boa intenção, isso simplesmente não é verdade. A Bíblia de fato diz que Deus não o deixará ser *tentado* além do que você é capaz de suportar (v. 1Coríntios 10.13). Todavia, com frequência ele lhe dá mais do que aquilo com que você consegue lidar, a fim de que você aprenda a depender dele por inteiro.

São palavras às vezes difíceis de ler e digerir quando se está ferido. Creia-me, eu entendo. Lembre-se: já passei por isso. Na condição de pastor, também costumo acompanhar as pessoas que enfrentam pontos mais baixos da vida. Nunca é fácil. A fidelidade de Deus, no entanto, é sempre notória.

Passei uma quantidade considerável de tempo com um sujeito a quem chamarei de Martin. Novo em folha como seguidor de Cristo, ele se culpava pelo desvio de muito dinheiro de seu empregador no passado. Depois de discutir a situação com orientadores de confiança, decidiu que a coisa certa a fazer era confessar seu crime e esperar o melhor. Infelizmente, o desfecho da história pendeu mais para o pior.

A empresa em que Martin trabalhava o processou. Embora reconhecesse o crime e concordasse em reembolsar o dinheiro, ele foi condenado a sete anos de prisão. Sete anos. Por admitir seu erro e fazer a coisa certa. Algumas pessoas talvez ficassem furiosas com Deus. Martin, por sua vez, contou-me que nunca esteve mais próximo de Deus do que na cadeia. Nesse período, suas raízes espirituais se aprofundaram. E seu fruto espiritual se multiplicou. Toda carta que recebi dele durante a temporada que passou na prisão trazia a assinatura "Sua graça me basta, Martin".

QUANDO MANDY, A MINHA FILHA, FOI ESCOLHIDA PARA CONTAR a própria história aos adolescentes, pensei que fosse explodir de tanto orgulho ao ouvi-la falar de sua fé em Jesus. Ela fez um trabalho tão bom que Christine Caine, palestrante internacional bastante conhecida, convidou-a para falar em uma conferência enorme para mulheres. Todos sentimos que Deus estava abrindo portas para a nossa discípula especial de Jesus de 21 anos de idade. Então Mandy adoeceu. Já mencionei aqui o problema da mononucleose. Mas esse foi só o começo. Seguiu-se uma série de complicações grandes demais para relacionar aqui. Em um minuto, estávamos juntos no topo da montanha. No minuto seguinte, rolávamos em cambalhotas no meio de uma avalanche rumo ao vale.

Embora a fé de Mandy não desse sinais de vacilar, como pai, entabulei diálogos difíceis com Deus. Por isso, quando encontro pessoas atravessando lutas profundas relacionadas com a fé, tenho facilidade para ouvi-las até o fim com toda a paciência. Sinto uma compaixão que não conhecia antes. E, mesmo quando converso com pessoas que têm pontos de vista diferentes acerca da existência ou bondade de Deus, a minha abordagem ao compartilhar com elas tem se alterado ao longo do tempo. No decorrer de anos de amadurecimento, aprendi que não nos compete forçar as nossas crenças goela abaixo das pessoas até que façam eco ao que queremos ouvir. Não. A nossa função consiste em agir como Jesus: amando-as, desafiando-as, aceitando-as e perdoando-as.

Penso que o cristianismo vem recebendo críticas injustas nas últimas décadas porque muitos cristãos tentam fingir ter tudo sob controle. Isso inclui o problema da dor no mundo. Permita-me repetir que não sou contra o desenvolvimento de uma nova compreensão teológica do mal no mundo, do sofrimento humano e da bondade de Deus. Isso é importantíssimo. O único problema é que, quando você se vê diante de um pai cujo filho foi morto na guerra, ou de uma mulher que acaba de descobrir que o câncer voltou, a teologia — ou, pelo menos, a capacidade ou necessidade de explicar os fatos — deixa de ser necessariamente o nosso objetivo principal. Quando as palavras não ajudam, lembre-se de que a presença funciona. O amor funciona. E um abraço também.

Eis a beleza e o poder da encarnação. Deus não proclamou seu amor aos gritos do céu. Antes, mostrou-nos esse amor no nível terrenal ao se tornar um de nós na pessoa de seu Filho Jesus. Quando alguém está no vale, em vez de tentar explicar o que acontece, às vezes nos damos melhor no papel de ouvintes. Em vez de pregar, concentremo-nos em amar. E, nesses momentos de presença silenciosa, Deus com frequência se revela de maneiras que vão além da nossa capacidade humana de compreender.

A menos que o nosso sofrimento nos aproxime de Deus, é difícil oferecer compaixão — e esperança — genuína aos outros. Quando não nos conectamos com a dor alheia, é uma tentação oferecer às pessoas clichês de adesivo para carro ou respostas evasivas projetadas para manter intacta a nossa frágil fé. Há quem chegue a ponto de dizer a quem sofre que seu problema se deve a algum pecado em sua vida, ou à falta de fé, ou ao simples fato de merecer o que vem recebendo. Que resposta terrível, perigosamente danosa e *antibíblica*! Em parte alguma, vejo Jesus condenar as pessoas que sofrem; só o vejo permitir que sua graça as convença do pecado e da necessidade que elas têm.

O mundo está arruinado. Por vivermos em um mundo no qual o livre-arbítrio abriu as portas para o Inimigo da nossa alma, continuaremos todos vivenciando situações dolorosas, difíceis e inesperadas. O amadurecimento da nossa fé não nos dispensará desses acontecimentos. (O oposto talvez esteja mais próximo da verdade.) Apenas temos conhecido dor suficiente e nos aproximado tanto de Deus — apesar da nossa dor, na verdade — que a nossa fé tem se fortalecido, aprofundado e amadurecido para poder enfrentar o próximo período de dificuldades.

O escritor e estudioso C. S. Lewis explica a mesma coisa do seguinte modo: "Não sei bem se Deus nos quer felizes. Deseja, penso eu, que nos amemos e sejamos amados. Mas somos como crianças, achando que os nossos brinquedos nos farão felizes e que o mundo inteiro é o berçário da nossa infância. Algo precisa nos tirar desse berçário e levar para a vida das pessoas; esse algo é o sofrimento".

HABACUQUE CONHECEU EM PRIMEIRA MÃO O TEMA DA NOSSA conversa. É evidente que ele escorregou para dentro do vale e experimentou uma crise de confiança. O que via e o que sabia acerca de Deus não combinavam. Era difícil para ele assimilar que o Deus de Israel ficasse de braços cruzados e permitisse os tipos de atrocidade que ele, Habacuque, testemunhava. Como escreveu:

> SENHOR, tu não és desde a eternidade?
> Meu Deus, meu Santo, tu não morrerás.
> SENHOR, tu designaste essa nação para executar juízo;
> ó Rocha, determinaste que ela aplicasse castigo.
> Teus olhos são tão puros que não suportam ver o mal;
> não podes tolerar a maldade.
> Então, por que toleras os perversos?
> Por que ficas calado enquanto os ímpios
> devoram os que são mais justos que eles?
> — Habacuque 1.12,13

Você consegue sentir a dor do profeta? As dúvidas? O senso de injustiça? Basicamente, ele está perguntando: "O Senhor não é o Deus eterno, todo-poderoso? Por que não *faz* alguma coisa?". E prossegue lembrando ter sido Deus quem escolheu o povo que agora castiga. Em tom quase sarcástico, afirma: "O Senhor não consegue nem *olhar* para o mal, mas o permite". Como muitos de nós, Habacuque custa a entender por que Deus não age como ele acha que deveria agir.

Esperança na escuridão

Lembre-se: Habacuque é um homem que ama a Deus! Está na Bíblia, não na postagem enfurecida do *blog* de alguém presunçoso que odeia cristãos. Ele não se conteve. Tampouco nós deveríamos nos conter. Deus é capaz de lidar com qualquer pergunta que ousemos lhe dirigir. Pode não responder em uma voz audível, tonitruante. (O mais provável é que não o faça.) Mas ele não fica bravo conosco quando lhe perguntamos seja o que for. Não sai da sala furioso quando fazemos birra. Ele entende. Mesmo quando derramamos as nossas emoções, ele quer nos puxar para mais perto.

Temos sua permissão para falar com total liberdade.

Às vezes, penso que temos medo de expressar as nossas dúvidas não porque nos preocupamos com a reação de Deus, mas com a nossa. Tememos dizer o que sentimos nos recantos escuros da nossa alma. Apavora-nos a possibilidade de, ao admitirmos como de fato nos sentimos, a nossa fé se partir em duas. A verdade, todavia, é o contrário. Quando suprimimos a dor do que vivenciamos, escamoteando-a e negando-a, então a nossa fé se torna dura e quebradiça a ponto de se romper.

Talvez isso explique por que, quando alguns deslizamos para o vale, tentamos retomar ao cume da montanha à força. Desejamos a intimidade que costumávamos ter com Deus. Mas negar que as coisas são como são, recusando-nos a acreditar na verdade, é como tentar subir correndo uma duna de areia.

Ao ser demitida, uma mulher poderia dizer: "Tudo bem ter perdido o meu emprego. Sei que Deus pode me dar algo melhor. Sendo assim, ficarei aqui sentada e esperarei o novo emprego vir até mim".

Crise de confiança

Ou um homem poderia se recusar a acreditar no diagnóstico médico. "Que nada. Não tenho nada disso. Vou orar e confiar que Deus me curará. Não preciso buscar nenhuma espécie de tratamento."

Não me entenda mal: não estou descartando que Deus possa dar empregos do nada e curar pessoas por milagre. No entanto, quando batemos em retirada e nos recusamos a sentir a dor da decepção, significa que não confiamos nele *de verdade*. Apenas o usamos. E, com isso, perdemos oportunidades maiores de crescimento. Os cumes são legais, mas não se veem muitas fazendas no alto dos montes. Por quê? Porque tudo cresce melhor nos vales. O tempo que você passa nos vales da vida pode não ser agradável, mas é neles que você se achega mais a Deus e fica mais forte na sua fé.

Concordo com C. S. Lewis que o propósito mais elevado de Deus não é a nossa felicidade imediata. Creio que Deus está muito mais comprometido com a nossa alegria eterna, com o nosso crescimento espiritual e a condição do nosso coração. Isso significa que precisamos deixar para trás a infantilidade para adquirirmos a estatura de uma fé mais rica, em constante amadurecimento — e em um Deus infinitamente mais sábio que nós. Temos de aprender a confiar nele mesmo quando não o podemos sentir, crer nele mesmo quando não faz sentido e segui-lo mesmo sem ter muita certeza de para onde ele nos está conduzindo.

> Meus irmãos, considerem motivo de grande alegria o fato de passarem por diversas provações, pois vocês sabem que a prova da sua fé produz perseverança. E a perseverança deve ter ação completa, a fim de que vocês sejam maduros e íntegros, sem que falte a vocês coisa alguma. (Tiago 1.2-4)

Por contraditório que isso pareça em relação ao senso comum, não creio que Tiago esteja apenas nos orientando a engolir o choro e seguir em frente. Penso que nos lembre aqui do quadro geral, da história mais ampla, da noção de que está acontecendo algo maior que a provação em que nos vemos enredados. Uma curiosidade: Tiago não nos diz que não podemos perguntar a Deus o que está acontecendo; ele apenas diz que consideremos os nossos problemas como motivo de alegria.

A ideia, aparentemente bem compreendida por Habacuque, é fazer perguntas sinceras ao mesmo tempo que se confia em Deus e em sua Palavra. Reflita comigo: você pode ter uma fé sincera em Deus, mesmo ao lutar com questionamentos sem respostas. Deus é grande o bastante para lidar com isso. E o ama o suficiente para ter paciência enquanto você aprende a conhecer partes do caráter dele que são profundas demais para o seu entendimento antes de atravessar essa crise de confiança.

Pelo que tudo indica, o profeta se dispôs também a ouvir com atenção quando Deus respondesse — coisa que, como estamos prestes a descobrir, Deus fez. A boa notícia é que Deus irá ao seu encontro no momento em que você tiver maior necessidade. Como respondeu a Habacuque, ele responderá a você. Na verdade, Deus tem muito a nos dizer sobre como deveríamos enfrentar as tribulações. De novo, ele nunca diz que não podemos lhe dirigir perguntas sinceras. Pelo contrário, Jesus ensinou: " 'Peçam, e será dado; busquem, e encontrarão; batam, e a porta será aberta. Pois todo o que pede, recebe; o que busca, encontra; e àquele que bate, a porta será aberta' " (Mateus 7.7,8).

Portanto, se você tem dúvidas, pergunte.

Só esteja preparado quando Deus responder.

Parte 2

Perdido e achado

2.1
Ouça

Ouvidos atentos à sua vida. Todos os momentos são fundamentais.
— Frederick Buechner

Pouco tempo atrás, eu estava sentado na minha cadeira favorita de casa, revendo as notas de um sermão, conferindo os *e-mails* e respondendo mensagens de texto a um amigo quando Amy, minha esposa, entrou e quis saber se poderia conversar comigo sobre a agenda das crianças para o restante da semana.

— Claro — respondi. — Vá em frente. Sou todo ouvidos.

— Posso voltar depois que você terminar — sugeriu ela.

— Não sabia que estava trabalhando.

— Não, tudo bem — repeti. — Só estou finalizando algumas coisinhas. — Ainda não olhara para ela mais que dois segundos.

Sendo assim, Amy sentou-se à minha frente e atualizou os meus dados em relação ao equivalente a uma semana de jogos de futebol, aulas de piano, apresentações de dança e eventos de grupos de jovens. Quando se tem seis filhos, isso é um bocado de coisa!

Esperança na escuridão

— U-hum — comentei ainda sem erguer os olhos. — Como posso ajudar?

— Craig — ela reclamou —, você não escutou uma palavra do que eu disse. — Não havia zanga em sua voz, apenas certo aborrecimento, o que é perfeitamente compreensível quando a pessoa com quem se tenta conversar está com a cabeça em outro lugar.

— Escutei tudo — retruquei. — Joy tem de estar na igreja na quarta-feira depois da escola, e você precisa que eu vá buscar o Stephen...

— Oh — Amy interrompeu —, sei que você me *escutou*. Mas não *prestou atenção*.

Essa doeu.

Ela tinha razão. Escutei tudo, mas não prestei atenção. Meus ouvidos reagiram às ondas sonoras correspondentes a suas palavras, mas o significado e importância delas não conseguiram atingir o meu cérebro já supercomprometido.

Claro, todos temos a tendência de ouvir sem prestar atenção — ser multitarefa parece ter virado padrão na nossa cultura —, o que não livrava a minha cara. Pouca gente se senta apenas para ver TV hoje em dia. A maioria vê TV *e* navega no Instagram *e* envia mensagens de texto para os amigos *e* responde a *e-mails e* atualiza a agenda *e* finge ouvir quando alguém busca atrair-lhe a atenção para um diálogo.

Seja sincero com você mesmo: qual foi a última vez que se sentou e *só* teve uma conversa de verdade e ao vivo com outra pessoa, em que vocês se alternaram e prestaram atenção de verdade um no outro? Sem nenhum dispositivo. Sem TV. Sem música. Sem distrações.

Não admira que nos seja tão difícil prestar atenção no que Deus diz.

Ouça

Como vimos na Parte 1, Habacuque se dirigiu a Deus cheio de ousadia e fez todas as perguntas difíceis que lhe iam pelo coração. Devia saber que às vezes o simples fato de se permitir fazer essas perguntas pode levá-lo a percorrer um longo caminho no sentido de se reconectar com Deus e de aprender a confiar nele. É difícil amar alguém — inclusive o Criador do Universo — se você guardar rancor e esconder seus verdadeiros sentimentos. Claro que Habacuque amava a Deus, mas isso não o impediu de respeitosamente desafiá-lo (não testá-lo; existe uma diferença) com um pedido de ajuda para compreender a enorme lacuna entre o que ele acreditava e o que via ao seu redor.

Assim que o profeta terminou de fazer perguntas, sabia que era hora de prestar atenção. O mesmo vale para você. Habacuque escreveu: *"Ficarei no meu posto de sentinela* e tomarei posição sobre a muralha; aguardarei para ver *o que o Senhor me dirá* e que resposta terei à minha queixa" (Habacuque 2.1, grifo nosso). Amo essas imagens. Manterei o meu posto e verei o que Deus me dirá. Por básico e evidente que pareça, às vezes não obtemos respostas para as nossas questões por não nos dispormos a parar um instante e esperar tempo suficiente até Deus se revelar a nós.

Às vezes, quando ficamos furiosos e esbravejamos, o que de fato desejamos nada mais é que dar vazão às nossas emoções, não estabelecer um diálogo. Quando permitimos que a raiva, a dúvida e o medo nos controlem, as nossas perguntas são capazes de se sobrepor ao que Deus quer nos responder.

Outras vezes podemos apresentar dúvidas a Deus, mas então, por nos preocuparmos muito com tudo que compete pela nossa atenção, não paramos para ouvir-lhe de verdade a resposta. Como na minha conversa unilateral com Amy, ouvimos mas não damos atenção.

Por que não diminuímos a marcha para atentar à voz mansa, tranquila, reconfortante de Deus? Para ser franco, creio que é por muitos de nós estarmos sobrecarregados. Estamos ocupados demais conciliando trabalho, casa, escola, igreja — sem falar na crise que provocou as nossas dúvidas, sejam elas quais forem —, o que nos impede de reservar tempo para fazer uma pausa, para aquietar o nosso coração em silêncio diante de Deus.

O autor do salmo 46 cita o próprio Deus: "Aquietem-se e saibam que eu sou Deus [...]" (v. 10, *NAA*).

Qual foi a última vez em que você parou tudo e se sentou absolutamente quieto, atento à voz de Deus?

Observe o que ele *não* disse: "*Ocupem-se* e saibam que eu sou Deus".

Mas sim "Aquietem-se".

Chega.

Pare.

E ouça com atenção.

Como se ouve de fato a voz de Deus? Pode-se abrir a Palavra e deixar o Espírito trazer a verdade à vida. Deus fala por meio das circunstâncias, se você parar tempo suficiente para refletir. Ele fala por meio das pessoas, oferecendo sabedoria divina do céu. E fala a você diretamente por meio do seu Espírito. Quando você pertence a ele, gasta tempo com ele e se aquieta diante dele, então aprende a reconhecer sua voz.

Pense nisso do seguinte modo: um dos benefícios inesperados de atravessar tempos difíceis é dar-nos a oportunidade

Ouça

de parar e reavaliar o que é prioritário na nossa vida. Na há quem diga que a palavra chinesa para crise usa dois ideogramas: um significa "perigo" e outro, "oportunidade". Quando Mandy começou sua batalha, os desafios que a enfermidade apresentava nos compeliram a passar mais tempo com ela e o marido. E o tempo que passamos com eles nos inspirou a sermos mais intencionais com os outros cinco filhos. De repente nos descobrimos diminuindo o ritmo para fugir das pressões constantes da vida e abraçando as pessoas que mais valorizamos. Quando surgem dificuldades, costumamos enxergar com clareza bem maior o que é mais importante para nós. Passar tempo a sós com Deus deveria ocupar o topo da nossa lista, mesmo se o diálogo com ele for difícil.

Entretanto, como Habacuque descobriu, quando alguém faz perguntas difíceis para Deus, é preciso estar preparado para ouvir suas respostas com atenção, mesmo que não sejam agradáveis. Felizmente, se você estiver sofrendo e se obrigar a permanecer na presença de Deus, ele o direcionará, guiará e consolará. Mas, no caso de Habacuque, Deus tinha outros planos para implementar primeiro. E a notícia seria dura de ouvir.

Disse Deus:

> "Olhem as nações e contemplem-nas, fiquem atônitos e pasmem; pois nos seus dias farei algo em que não creriam se a vocês fosse contado. Estou trazendo os babilônios, nação cruel e impetuosa, que marcha por toda a extensão da terra para apoderar-se de moradias que não lhe pertencem". (Habacuque 1.5,6)

Impressionante. Chocante. E duro de engolir. Deus está levantando um inimigo?

Esperança na escuridão

Resumindo, ele avisou a Habacuque, um sujeito que ele mesmo escolhera para atuar como profeta e, portanto, seu mensageiro junto ao povo judeu: "O negócio é o seguinte: você tem razão — de fato o meu povo chegou ao fundo do poço. E, embora eu possa dar a impressão de estar deixando as coisas fugirem ao meu controle, na verdade não estou. Terei de destruir o povo de Israel porque ele é muito perverso. E usarei os babilônios para isso".

Imagine o queixo de Habacuque caindo enquanto ele expressava sua reação teologicamente madura:

— Como é que é?

Em essência, Deus disse que as coisas piorariam antes de melhorarem. Os babilônios tinham fama de implacáveis, violentos e agressivos na conquista incansável de outras tribos e nações. A corrupção e a violência entre os israelitas podiam ser ruins, mas não eram nada comparadas com a dos babilônios. Seria quase como se perguntássemos a Deus por que ele permite tanta injustiça no nosso país para então ouvi-lo responder que deixaria terroristas estrangeiros nos aniquilarem.

Em tempos difíceis, a última coisa que queremos ouvir é que eles ficarão ainda piores. Mas sabemos que a vida real nem sempre acontece do jeito que a gente quer. E agora?

QUANDO ESTIVER ATRAVESSANDO UM PERÍODO DE LUTA COM Deus, lembre-se: o nome Habacuque significa lutar e abraçar. Você pode lutar com Deus em razão de tudo que não lhe agrada, mas o abrace simultaneamente porque ele é bom e digno de confiança. Tudo se resume na verdade a como reagimos diante de uma crise de confiança. Em geral, quando alguém desce a esse vale, segue para um de dois extremos.

Ouça

Muitos desejam retornar ao último topo espiritual que visitaram, àquela experiência no alto do monte em que tudo com Deus parecia ótimo. Ele respondia às orações, a vida era boa e eles tinham uma fé vigorosa. Negam todas as dúvidas que lhes corrói a fé, dizendo para si mesmos: *Vou fingir que essa crise não está acontecendo neste momento. Sei que, se ao menos conseguir voltar outra vez ao topo daquela montanha, tudo estará bem.*

Exercito-me na academia com um rapaz que perdeu o emprego há pouco tempo. Ele estava convencido de que Deus lhe daria outro, de modo que jamais entregou um currículo nem investigou sobre contratações em nenhuma empresa. No fim, precisou morar com um amigo e dormir no sofá. Quando lhe falei sobre uma empresa de paisagismo que estava contratando, ele explicou que não gostava de trabalho manual e que tinha certeza de que Deus lhe daria um emprego melhor. Claro, não o posso culpar pela fé vigorosa na providência divina, mas às vezes temos de descer da montanha e deixar que Deus nos ajude a lidar com o mundo real.

Algumas pessoas escorregam para o vale e decidem descer ainda mais. Dizem: "Muito bem, Deus, se o Senhor não vai fazer o que sei que *poderia*, então esqueça! Estou voltando para a vida como a conhecia. Se o Senhor *poderia* ajudar, mas não o faz, é porque não é bom, de modo que não merece minha confiança". Equivocam-se ao presumir que Deus não deve amá-las se não está disposto a fazer o que desejam para lhes aliviar o sofrimento.

Meu amigo Ronny se enquadra como uma luva nessa segunda categoria. Quando cursava o ensino fundamental,

Esperança na escuridão

encontrou a mãe morta na banheira. (Ela sofrera um trágico afogamento durante uma convulsão.) Mal podemos imaginar a dor incomensurável de um menininho que descobre o corpo sem vida da mãe. Quantas noites, semanas e meses ele chorou sozinho até pegar no sono, possivelmente se culpando até por não ter ido antes ver como ela estava, disposto a fazer qualquer coisa para tê-la de volta?

Hoje Ronny tem mais idade que a mãe quando faleceu, mas se recusa a falar com Deus. Nunca me esquecerei da dor que vi em seus olhos quando ele me contou:

— *Quero* crer que Deus me ama, mas como acreditar em um Deus capaz de permitir que aquilo acontecesse com a minha mãe? Se *existe* um Deus e ele permite coisas desse tipo, então não quero ter nada a ver com ele.

Graças a Deus, há uma terceira opção. Se, como Habacuque, estivermos dispostos a nos apoiar na dificuldade que experimentamos e lutarmos contra a maneira pela qual Deus a usa para atingir seus propósitos, então poderemos começar a escalada para fora do vale. Você deve se lembrar, no entanto, que só porque as coisas não estão acontecendo do seu jeito não significa que Deus parou de operar. Contudo, reconheço que, da perspectiva humana, as intervenções dele às vezes parecem misteriosas ou mesmo frutos de um capricho. Permita-me lhe apresentar dois exemplos da minha vida.

A primeira história tem a ver com uma resposta de oração — uma resposta milagrosa, mas menos importante no plano geral das coisas. A segunda está relacionada com um pedido de oração e uma necessidade pessoal muito mais importantes. É algo que Deus poderia fazer com facilidade, mas, até o momento que escrevo, não o fez.

Ouça

Primeiro, depois de vinte e três anos em que estamos juntos, Amy perdeu sua aliança de casamento. Como na prática eu estivesse falido na época em que a pedi para se tornar a minha esposa, a aliança não era muito cara, mas seria impossível calcular seu valor sentimental. Amy ficou com o coração partido. Orou e orou e orou para que Deus a ajudasse a encontrá-la.

Sem resultado.

Oito meses depois, em uma tarde de sábado, conversávamos sobre a mensagem que eu acabara de ministrar na igreja. Tinha a ver com a capacidade divina de restauração. Ao longo dessa mensagem, vezes e mais vezes eu dissera: "Deus pode ajudá-lo a encontrar o que você não tinha a intenção de perder". De modo que Amy resolveu orar outra vez, agora usando essa afirmação-chave do sermão. Disse-me ela que daria qualquer coisa para Deus lhe mostrar onde estava a aliança.

Foi quando aconteceu algo muito louco. Senti uma necessidade incontrolável de me levantar. Passei pelo sofá e por duas cadeiras até chegar ao canto da sala, onde havia uma única cadeira isolada. Levantei a almofada azul-clara e bem ali, debaixo dela, estava uma joia reluzente. Era a aliança perdida!

Nunca vira Amy dançar daquele jeito.

Você pode rir e dizer que foi coincidência, mas acredito que Deus me mostrou com exatidão onde encontraríamos a aliança perdida de Amy.

Deus respondeu às nossas orações.

Agora, é aqui que as coisas ficam confusas para mim. Há mais de dez anos, Amy sofre de infecções crônicas do trato urinário. São crises frequentes tão dolorosas que acabam com toda sua atividade normal. Ela já experimentou todo tipo de suplemento, dieta, vitamina, bebida saudável e sugestão que você pode imaginar. Consultou-se com os melhores médicos e passou por duas cirurgias. Oramos por cura mais vezes do que somos capazes de computar. No entanto, Deus ainda não a curou. Por que ele nos ajudaria a achar uma joia barata, absolutamente substituível, mas não leva embora a dor crônica? Por que responderia a uma oração tão sem importância e, ao mesmo tempo, permitiria que o nosso clamor maior por socorro permaneça sem resposta? Talvez você se identifique com isso.

Apesar de não entendermos, continuamos a crer em Deus, atentando para sua voz e aguardando sua resposta. E, como Habacuque, agarramo-nos a Deus e confiamos nele, mesmo quando isso parece não fazer sentido.

O cristão desejoso de continuar a abraçar a Deus, embora a princípio nada melhore, se achegará muito mais a Deus do que no passado. As pessoas que você sabe que são próximas a Deus muitas vezes são aquelas que passaram mais períodos difíceis, e Deus se mostrou fiel a elas. A intimidade que têm foi forjada em conversas com ele — de petição e escuta atenta e paciente.

Nunca vi isso mais poderosamente do que no caso de um dos meus melhores amigos, John. Cerca de dois anos atrás, ele percebeu um zumbido no ouvido que foi ficando cada vez mais alto até se tornar insuportável. Após diversas visitas a vários médicos, John foi diagnosticado com uma doença incurável também conhecida como *tinnitus*. Em uma escala de 1 a 10, sendo 10 a pior, o problema dele atingia 9,5. Muita gente em situação menos grave, incapaz de suportar a dor e o barulho, acaba tirando a própria vida. Meu amigo dirá com sinceridade que não queria viver, mas estava determinado a superar o pesadelo ininterrupto.

Certo dia, John voou para Atlanta a fim de se consultar com um dos melhores médicos de *tinnitus* do país. Um dos motivos por que esse médico é tão bom no assunto é que ele sofre do mesmo problema. Deu a John um aparelho feito sob medida e projetado para criar um barulho concomitante que ajuda a abafar o som constante de trem de carga em sua cabeça. No entanto, reconheceu o médico, ele não deveria ser de grande ajuda no caso extremo de John. O especialista explicou que a melhor coisa que seu paciente podia fazer era servir pessoas. Sim, isso mesmo que você leu. A maneira de se esquecer da dor é ajudando outras pessoas, a fim de não ficar pensando em si mesmo.

John seguiu o conselho à risca. Além do período de oração e de estudo bíblico, ele começou a fazer mais — muito mais. Ele e a esposa deram início a um pequeno grupo e passaram a servir espiritualmente às pessoas. Começaram a atuar em diferentes funções na igreja. Chegaram a "adotar" uma mãe solteira e seus filhos a fim de ajudá-los a se recuperarem de uma situação muito ruim. John me conta toda vez que o zumbido em sua cabeça continua ruim como sempre, mas não o incomoda tanto quanto antes. De vez em quando, entre lágrimas, John me diz que nunca esteve tão perto de Deus como neste tempo. E que, embora jamais escolhesse essa estrada nem a desejaria para o pior inimigo, sentia-se grato por ela, pois seu pesadelo o tem ajudado a conhecer Deus com maior intimidade.

Esperança na escuridão

A história desse amigo me faz lembrar de um relato do Novo Testamento em que o apóstolo Paulo experimenta aquilo a que ele se referiu como um "espinho na carne". Na segunda carta à igreja em Corinto, ele diz que pediu a Deus diversas vezes que o afastasse. O Senhor, contudo, não o atendeu. O apóstolo descreve essa oração angustiante: "Deus, sei que o Senhor pode fazer algo em relação a esse problema. Por favor, faça. Leve-o embora. Remova-o. Eu lhe suplico, por favor, arranque-o de mim" (2Coríntios 12.7,8 paráfrase nossa). Talvez você se identifique com ele. "Por favor, cure o meu amado (ou amada)". "Por favor, ajude-me a conseguir um emprego melhor." "Por favor, ajude-me a ser aceito na minha escola favorita." "Por favor, salve o meu pai." "Por favor, leve a depressão embora." "Por favor, acabe com essas enxaquecas."

No entanto, o espinho permaneceu, e Paulo soube que Deus o estava permitindo a fim de ajudá-lo a se manter humilde e dependente do seu poder, e para fazer algo ainda mais impressionante do que removê-lo apenas. Deus lhe disse: "[...] Minha graça é suficiente a você, pois o meu poder se aperfeiçoa na fraqueza [...]" (2Coríntios 12.9). É quase como se Deus dissesse a Paulo: "Olhe, eu poderia extrair esse espinho de você. Se o fizesse, no entanto, você perderia a oportunidade de se aproximar mais de mim e de descobrir um apreço mais profundo da minha graça".

O apóstolo entendeu. E escreveu: "[...] Portanto, eu me gloriarei ainda mais alegremente em minhas fraquezas, para que o poder de Cristo repouse em mim. Por isso, por amor de Cristo, regozijo-me nas fraquezas, nos insultos, nas

Ouça

necessidades, nas perseguições, nas angústias. Pois, quando sou fraco, é que sou forte" (2Coríntios 12.9,10). Paulo não apenas ouviu a resposta de Deus como também deu atenção a ela. Essa diferença sutil mudou até a estrutura de quem ele era, como mudou o meu amigo John.

E também pode mudar você. Nos seus momentos mais desesperadores, a presença de Deus pode sustentá-lo. Como a resistência na academia faz com que seus músculos fiquem mais fortes, a resistência na vida fortalece sua fé. Com o tempo, à medida que você cresce na graça divina, o que normalmente arrasaria o seu mundo se torna algo com que você lida bem, sabendo que Deus está do seu lado e o carregará nos braços quando você estiver fraco.

Talvez você não queira ouvir isso neste momento. Se for esse o caso, é justo. Suponho que essa mensagem não era o que Paulo desejava ouvir. Mas serviu a um propósito mais elevado do que Paulo seria capaz de compreender na época. Sem Paulo e sua influência, a fé cristã como a conhecemos talvez não existisse hoje. Isso significa que esse homem comum que se recusou a acreditar que Deus o abandonara poderia ser responsável ao menos em parte pela fé em Cristo que ainda vemos à nossa volta hoje.

Mas enxergar o impacto de Deus através de nós é difícil quando estamos sofrendo.

Todos os nossos princípios e convicções espirituais nobres parecem empalidecer quando olhamos pelas lentes trincadas de um coração partido.

É aí quando você dá o próximo passo de fé.

Talvez você esteja pedindo a Deus algo de que tem necessidade. Nada mais razoável; Deus quer que recorramos a ele. Mas você está disposto a prestar atenção no que ele tem a lhe dizer, mesmo se a resposta não for o que gostaria de ouvir? Continue atento. Deus não o abandonará em tempos de necessidade; ele o sustentará obstinadamente perto e o conduzirá em meio à dor.

2.2

Escreva

Se queremos que a nossa fé se fortaleça, não deveríamos recuar diante das oportunidades de ela ser provada e, com isso, por meio da provação, ser fortalecida.

— George Mueller

Como você reage quando a vida desaba em cima da sua cabeça? Quais são as suas respostas padronizadas, aquilo para o que você corre em busca de conforto, alívio ou refúgio? Se parece que quero saber dos seus vícios, é provável que queira mesmo, pois eles costumam ser construídos em torno dos ídolos aos quais nos voltamos quando surgem as dificuldades. Para alguns, podem ser comidas ou guloseimas que os confortem. Para outros, podem ser tentativas de fuga por meio de drogas, baladas, TV ou mesmo celular, *tablet* ou computador para matar o tempo. Seja o que for, a sua via de escape só serve para piorar as coisas.

Um amigo próximo se descobriu com problemas no casamento. Em vez de correr para outros cristãos ou para Deus, voltou-se para o álcool. E o que primeiro lhe entorpeceu a dor começou pouco a pouco a matar seu juízo. Depois da segunda vez que o pegaram dirigindo embriagado, ele enfim reconheceu que talvez necessitasse de ajuda.

Esperança na escuridão

Para a maioria de nós, a tentativa de evitar uma situação — ou de buscar consolo em algum outro lugar — só piora o problema. Como nada muda, acabamos nos sentindo até mais frustrados. Ou culpados por não sermos fortes o suficiente para lidar com seja qual for o espinho que se instalou debaixo da nossa pele. No fim, corremos para mais longe ainda do único capaz de nos ajudar de verdade. Mesmo que você só faça negar os fatos, citando versículos bíblicos e tentando retroceder até seu último ponto alto espiritual, ou abandonando a fé de uma vez, ainda está evitando o elefante no meio da sala.

Até nos dispormos a ter uma conversa franca com Deus, o combate corpo a corpo que Jacó travou e tanto o feriu quando transformou para sempre sua identidade, jamais conheceremos a paz. Mas como?

Habacuque ajuda a que nos guiemos pelo vale com três medidas específicas. Primeiro, como acabamos de ver, ele contestou a aparente injustiça divina. Em seguida, resolveu parar e prestar atenção em Deus enquanto tomava conhecimento da intenção divina de destruir seu povo usando os perversos babilônios. E depois tomou nota de tudo. Deus disse a Habacuque: "[...] Escreva a minha resposta em tábuas, em letras bem grandes, para que qualquer pessoa possa ler a mensagem facilmente e saia correndo para contar a outros!" (Habacuque 2.2, *NBV*). Por fim, e essa talvez seja a medida mais difícil de todas, Habacuque compreendeu que necessitava esperar o tempo do Senhor. Precisava confiar em que Deus conhecia a melhor época para levar seu povo de volta ao cume da montanha.

Escreva

Não que eu seja muito velho — pelo menos, não ainda — mas parece que toda vez que vou ao supermercado, esqueço-me de alguma coisa, a menos que a tenha anotado. Sim, sou *aquele sujeito* que sai correndo da fila do caixa até o corredor nº 12 para pegar um vasilhame de *ketchup*. Mesmo que seja para comprar apenas três produtos, se eles não estiverem no papel ou no bloco de notas do celular, pareço perder a noção do que Amy pediu para comprar. Era sorvete de chocolate com cereja e nozes ou sorvete de raspas de chocolate com nozes e cereja? Alguém poderia dizer que não há diferença entre um e outro, mas existe. Por isso, aprendi a anotar tudo.

Quando Habacuque tomou nota de sua conversa com Deus, incluindo a promessa divina de libertar seu povo permitindo antes sua derrota para os babilônios, estava criando um registro público.

Por que Deus haveria de desejar uma coisa dessas? A razão, em parte, deveria ser evidente. Ao fazer que as palavras do profeta fossem escritas, Deus assegurava que as gerações futuras — incluindo a nossa — vissem o cumprimento de suas promessas. Resumindo, ele disse a Habacuque: "Anote tudo de modo que, quando eu provar que sou justo e verdadeiro, todos possam se lembrar de que sou um Deus de palavra".

Quando Deus lhe disser algo, registre-o, pois o seu Inimigo espiritual é especialista em roubar as sementes da verdade que o Senhor deseja plantar. Você poderia manter um caderno de anotações só para essas impressões, ou então rabiscá-las no diário. Deus pode lhe mostrar algo e, se você não anotar e não criar algum tipo de registro a que possa recorrer depois, será muito fácil se esquecer do que foi que ele mostrou.

Nem sei lhe dizer quantas vezes aconteceu comigo. Luto em função de algum problema que não compreendo e pelo qual oro. "Deus, o Senhor está aí? O que está se passando? O que o Senhor quer que eu faça nessa situação? O que o Senhor está tramando?"

Depois muitas vezes sinto que Deus me mostra alguma coisa, ou me dá direção ou fala ao meu coração. Aprendi a anotar tudo porque inevitavelmente, poucos dias depois, quando pensar outra vez no assunto, pode ser que descarte qualquer manifestação divina. *Bem, não sei. Talvez a culpa seja daquele lanche tão tarde da noite. Tudo não passou de uma indigestão divinamente inspirada.* De modo que começo a duvidar do que sabia com certeza poucos dias antes. A consciência da mensagem de Deus para mim parece se dissipar a menos que eu a anote.

Quando registro por escrito, no entanto, a mensagem se converte em âncora espiritual que me prende a Deus e à constância de suas promessas. "Sim, acredito que Deus falou." E, melhor ainda, tenho um ponto de referência a que posso me voltar; não dependo do meu estado de ânimo ou do que comi na noite anterior.

A partir do momento em que você desenvolve a disciplina de escrever o que Deus lhe mostra e pelo que vem orando, você talvez fique chocado durante alguns anos com tudo que Deus faz. George Müller foi um evangelista muito conhecido que viveu nos anos 1800. Um dia, ficou de coração partido ao ver centenas de crianças abandonadas se defendendo nas ruas de Bristol, Inglaterra.

Escreva

Quase sem dinheiro, ele resolveu abrir um orfanato e ajudou a cuidar de mais de 10 mil órfãos ao longo dos 60 anos posteriores. No decorrer de seu ministério, o senhor Müller manteve um registro de suas orações em um diário que acabou ocupando mais de 3 mil páginas. Dele consta inclusive o relato da noite em que, sem comida para dar às crianças no café da manhã seguinte, Müller rogou a Deus que fizesse alguma coisa. No dia seguinte, bem cedo, um padeiro bateu à porta. Quando Müller atendeu, o homem lhe explicou que não conseguira dormir na noite anterior, de modo que se levantara e assara três fornadas de pão, as quais estava ali para entregar. Outra vez, "aconteceu" de um caminhão de leite quebrar bem na frente do orfanato no dia exato em que estavam sem leite para servir às crianças. Como o leite se estragaria com o calor, o motorista o doou aos órfãos. Ao todo, o senhor Müller anotou mais de 30 mil respostas diretas a suas orações. Imagine como isso lhe edificou a fé, vendo a fidelidade de Deus exposta bem diante de seus olhos vezes e mais vezes, preto no branco.

Caso se pareça um pouco comigo, manter um diário é um desafio para você. Não sei nem dizer quantos anos firmei o compromisso de manter um diário constante, só para me esquecer dele e parar mais ou menos na metade de janeiro. Por fim, vários anos atrás, fiz um avanço. Alguém me deu um diário para cinco anos que vem contribuindo para a minha relação com Deus mais do que sou capaz de descrever. Em vez de fazer pressão para eu preencher cerca de duas páginas por dia relatando sentimentos, pedidos de oração e acontecimentos importantes, esse diário é bem mais simples. Ele reserva uma página para cada dia, mas cobrindo cinco anos. Por exemplo, em 1º de janeiro, há cinco linhas para escrever sobre o ano atual. Abaixo dessas cinco linhas há outras cinco para 1º de janeiro do ano que vem. E assim por diante. Ou seja, basicamente, você escreve apenas um quinto de página por dia. No período de cinco anos, pode enxergar o que aconteceu a cada ano daquele mesmo dia. A melhor parte para mim? Em vez de escrever páginas, tenho poucas linhas para preencher, tornando mais fácil dar continuidade no processo.

No primeiro ano, achei fácil e pertinente, de certa forma. A disciplina diária me ajudou a manter Deus bem diante dos meus olhos ao registrar um motivo de oração a cada dia. No segundo ano, contudo, notei algo que me impactou de verdade. Ao retornar ao primeiro dia preenchido no ano anterior, de repente constatei quanta coisa pesava sobre mim na época e que agora estava plenamente equacionada. Problemas solucionados. Desafios vencidos. Orações respondidas. A preocupação com um dos meus filhos se dissipara e nem recebia mais tanta atenção. Perder um membro valioso da equipe parecera um grande contratempo, mas um ano depois contávamos com alguém ainda mais eficiente no lugar. Um desafio que envolvia determinada amizade tivera o curso corrigido e agora estávamos mais próximos que nunca.

Manter um diário com uma janela aberta para o passado me ajudou a ter a visão do todo. A partir do momento em que parei de ficar obcecado com os meus problemas atuais e comecei a observar os do passado, pude enxergar como Deus fora fiel de maneiras que me passariam despercebidas de outra forma. E o poder dessa constatação resultou de uma disciplina simples: pôr tudo por escrito.

Escreva

Talvez você esteja pensando: *Ora vamos, Craig! Entendi aonde você quer chegar, mas não sou muito de escrever.* A ideia é excelente, mas espera mesmo que eu abra o laptop — ou, mais louco ainda, que pegue papel e caneta — e escreva o que acho que Deus está me dizendo?

Sim.

Exatamente.

Você me entendeu.

Se fala sério em chegar ao outro lado do vale em que se encontra, você há de querer conversar com Deus, prestar atenção no que ele diz e registrar o que acredita que ele está lhe mostrando. Dê tangibilidade ao diálogo entre vocês.

O simples ato de pôr palavras no papel ou em uma tela produz um testemunho, sela uma lembrança e ajuda a preservar a sua responsabilidade. Registre a mensagem dele a você.

Pode ser que Deus esteja lhe dizendo para confiar nele. Essa é a sua impressão. Ou para acreditar que ele tem algo diferente, talvez melhor para a sua vida. Ou talvez você se sinta conduzido a tomar alguma atitude em relação a um problema. Talvez você acredite que ele está usando essa provação para mudar alguma coisa no seu interior. Para lhe ensinar a ter paciência. A confiar. Para edificar a sua fé. A demora dele não é uma negativa. Como no caso da viúva persistente de Lucas 18, ele quer que você continue crendo e continue pedindo.

Escreva.

Outro benefício de anotar o que você acha que Deus está lhe dizendo é que a prática o fará crescer em discernimento. Às vezes, você só comeu pizza demais na noite anterior. Sem entrar em todos os detalhes sobre aprender a ouvir

Esperança na escuridão

com atenção quando Deus lhe está falando, deixe-me apenas lembrá-lo de três coisas. Essas sugestões simples podem ser aplicadas quando você estiver escrevendo de modo a ajudá-lo a discernir se o que foi dito vem mesmo de Deus. Primeiro, lembre-se de que Deus fala a cada um de nós de maneiras diferentes. Raras vezes há uma voz audível ribombando no céu; geralmente se trata de um sussurro gentil que brota do nosso interior, a voz do Espírito Santo dentro do nosso coração. Deus também pode falar por intermédio de pessoas. Talvez usando o seu pastor, os seus pais ou um amigo próximo para compartilhar a sabedoria dele com você. Ele também pode usar as circunstâncias para conduzi-lo, ou redirecioná-lo para o rumo do plano por ele traçado. É claro, Deus fala por meio da Palavra, convencendo do pecado, orientando e consolando você. Mas você precisa parar e ouvir com atenção. Livre-se das distrações. Desligue o telefone. Isole-se em um local tranquilo. E ouça. De novo, ouvir a Deus com atenção requer criar tempo e espaço para poder escutá-lo. E, quando você de fato o ouvir falar, *escreva tudo*. Na verdade, Deus poderia estar lhe mostrando algo agora mesmo, enquanto lê este livro. Anote nas margens ou pegue um caderno e escreva um rascunho do que ele estiver lhe dizendo.

Segundo, Deus costuma fornecer uma confirmação. Anos atrás, ele me deu a visão de usar a tecnologia para pregar a mais pessoas em diferentes lugares. Eu tinha certeza de que a ideia vinha de Deus, mas a metade da minha equipe na igreja ter a mesma ideia ao mesmo tempo foi o que confirmou tudo para todos nós. Deus pode lhe falar por intermédio de outra pessoa, de acontecimentos, de seu Espírito e da

Escreva

Palavra. Muitas vezes, dependendo da ênfase da mensagem, os meios se sobrepõem. Uma ideia brota dentro de você, que se pergunta se ela vem de Deus. De repente, o sermão da semana trata justamente da sua ideia e inclui citações das Escrituras para sustentá-la. Em seguida, dois amigos que nem se conhecem entram em contato com você, cada qual querendo falar do mesmo assunto. Quando algo assim acontece, eu sugeriria que você ouvisse com atenção.

Terceiro, as mensagens que recebemos de Deus sempre refletem o caráter dele; são coerentes com a Palavra. Um Pai amoroso e santo não lhe pedirá para cometer atos perversos, ou para ferir outras pessoas deliberadamente no nome dele. Conquanto às vezes a verdade possa doer quando a compartilhamos com alguém, a nossa função é amar a pessoa com essa verdade, não condená-la por causa dela. Nada é baixo demais para o Inimigo da nossa alma. Ele costuma tentar fazer uma imitação barata da mensagem divina. Ocorre que o Senhor não é um Deus de confusão. Se quiser nos dizer alguma coisa — e estivermos mesmo dispostos a ouvi-la com atenção —, sua mensagem chegará até nós.

Quando você põe por escrito o que Deus lhe diz, pode usar esse material não apenas como ponto de apoio firme e seguro, mas também como parâmetro de teste. Toda vez que se reportar a ele, pode compará-lo com o que vê acontecer à sua volta, e isso pode orientá-lo na tomada de decisões. Seja paciente e constante. Pode demorar anos para acontecer o que ele lhe diz, como foi o caso da visão que tínhamos para a nossa igreja. Mas, se Deus lhe faz uma promessa, ela se concretizará.

É só uma questão de quando.

2.3

Espere

Ensina-nos, ó Senhor, a disciplina da paciência, pois esperar costuma ser mais difícil que trabalhar.
— Peter Marshall

Com a tecnologia 4G nos nossos *smartphones*, o acesso à internet em nanossegundos e serviços de entrega no mesmo dia oferecidos por muitos dos grandes varejistas, esperar hoje está mais difícil que nunca. Não precisamos esperar muito tempo por mais nada hoje em dia. Pense no quanto se sente apreensivo quando o dentista atrasa e você é obrigado a jogar mais três partidas de seja qual for o jogo com que estiver brincando em seu dispositivo móvel. É de enlouquecer, não?

Ao que parece, tampouco Habacuque era grande fã de esperar. Mesmo assim, sabia ser essa a terceira atitude a ser posta em prática a fim de sair do vale do desalento. Deus lhe disse: " 'Pois a visão aguarda um tempo designado; ela fala do fim e não falhará. Ainda que demore, espere-a; porque ela certamente virá e não se atrasará' " (Habacuque 2.3).

O termo hebraico aqui para "tempo designado" é *mow'ed*, que quer dizer o tempo certo, marcado, escolhido por Deus para algo acontecer. Um velho ditado afirma que Deus raras

Esperança na escuridão

vezes se adianta, nunca se atrasa e sempre chega na hora. O conceito se resume em *mow'ed*. Quando a mulher engravida, carrega o bebê durante cerca de 9 meses, até seu *mow'ed* de dar à luz. E creia-me, a hora de o bebê nascer é a hora de o bebê nascer e nada o impedirá. Sei disso por experiência própria. No nascimento de Anna, a nossa terceira filha, aguardávamos o obstetra chegar quando Amy olhou para mim entre uma contração e outra e anunciou:

— O bebê está nascendo!

Achei que devia tranquilizá-la para que aguentasse mais um pouco.

— Eu sei, amor.

— Não — ela ofegou. — Estou dizendo que o bebê está nascendo *neste instante*!

Não deu outra, tive de fazer o parto da nossa filha. A cabeça saiu, de modo que passei o braço por baixo dela para apoiá-la. De repente, lá estava eu, mergulhando no ar para agarrá-la como a uma bola rasteira. Eu me felicitaria pelo gesto heroico não fosse pelo fato de que, assim que ela veio para fora, entrei em pânico e deixei-a cair em cima da cama. Tudo bem que foram apenas uns 5 centímetros de queda. Mas não aguentei a pressão e a soltei. Parte de mim se sentia orgulhosa porque não desmaiei. Outra parte, no entanto, jamais superará o fato de ter deixado a minha filha cair.

Chegara a hora dela e ponto final. Não havia nada que eu pudesse fazer para atrasar seu nascimento até ter o médico do nosso lado. Quando chega o *mow'ed*, não há nada que você ou qualquer outra pessoa possa fazer para acelerá-lo ou retardá-lo. Vai acontecer, e acontecer no tempo de Deus.

Até lá, não há nada que você possa fazer a não ser esperar e se preparar.

Quando Deus lhe promete algo em sua Palavra ou por outro meio qualquer, talvez você tenha de esperar um pouco, mas pode dar como certo o cumprimento da promessa. Neste momento, é possível que você tenha consciência de que está na zona de espera. Perguntou a Deus o que estava acontecendo, prestou atenção no que ele disse, registrou suas palavras e crê que Deus lhe mostrou alguma coisa. Agora espera e espera e espera e espera. Talvez comece a ficar com medo de que nada vá acontecer.

Pode ser que você venha orando há o que parece uma eternidade no sentido de que uma pessoa a quem ama se entregue a Cristo. Quanto maior o ardor com que ora, mais ela se distancia de Deus. Então você espera. Ou pode ser que esteja pedindo outro tipo de milagre de Deus. Para que alguém seja curado. Para que seja liberto de um vício. Por uma promoção. Ou um cônjuge. Então você ora. Espera. E espera mais um pouco. Talvez você esteja de coração partido por um filho rebelde. Já fez tudo que sabia para trazê-lo de volta. Leu livros. Ameaçou. Demonstrou graça. E creu a ponto de não saber se é capaz de continuar crendo. De modo que faz mais do que já vem fazendo:

Espera.

Quando sentir que o seu reservatório de fé está prestes a secar, lembre-se: se Deus prometeu alguma coisa, ela acontecerá. Mas será no tempo *dele*, não no seu. Seja como for, você não está só. Parte da maturidade de todo aquele que crê envolve esperar em Deus e que suas promessas

Esperança na escuridão

sejam cumpridas. Quando se examinam as Escrituras, vê-se exemplo após exemplo de pessoas escolhidas por Deus, próximas a ele, ainda esperando. Deus lhes prometera alguma coisa, mas então elas foram obrigadas a esperar. Vamos dar uma olhada em algumas delas.

Para Moisés, Deus falou: "Vou usá-lo para libertar o meu povo e reconstruir a nação de Israel". Em seguida, Moisés empreendeu uma jornada que durou quarenta anos. Quarenta anos! Muita coisa aconteceu muito depressa no êxodo do Egito — pragas, e a primeira Páscoa, e saírem correndo porta afora, e caminharem pelo meio do mar Vermelho antes que se fechasse e afogasse o exército do faraó.

Mas então, depois de uma saída assim dramática — e de gerações em escravidão no Egito, ao longo de quase 400 anos —, não surpreendia que os israelitas estivessem ansiosos por chegar ao novo lar. Provavelmente acharam que levariam algum tempo para chegar ao destino. Algumas semanas. Um ou dois meses, quem sabe. Mas quarenta anos? Foi o que demoraram. Deus, no entanto, manteve sua promessa e conduziu-os à terra prometida.

Ou o que dizer de José? Você o conhece, o rapaz da túnica de arco-íris. Deus falou a ele: "Você será um grande líder, sobre todos os seus irmãos e sobre a nação inteira". O que aconteceu então? Os irmãos o atiraram dentro de um poço. Venderam-no como escravo. Em seguida José, mediante falsa acusação da esposa de seu patrão, foi mandado para a cadeia. Anos se passaram antes que Deus enfim cumprisse a promessa, alçando-o à posição de segundo em comando sobre todo o Egito. Foi muito tempo de espera.

Agora os meus favoritos. O apóstolo Paulo teve uma visão e se encontrou com Cristo. Foi transformado e afirmou:

"Sou chamado para pregar. É para isso que estou aqui. Mais nada. Sinto-me compelido a pregar o evangelho. Esse é meu propósito singular na vida, conferido por Deus". E então ele esperou. Passaram-se treze anos antes que esse propósito comece a se efetivar. Foram treze anos até ele ter a oportunidade de pregar a primeira mensagem!

Em algumas épocas da vida, você só espera. E o que fazer enquanto espera? Muita gente pensa que é igual a ficar parado no trânsito ou na fila do supermercado. "Muito bem, estou preso aqui. Sou obrigado a esperar até o fim. Não há nada que possa fazer".

A verdade, no entanto, é que tem muita coisa para se fazer! Qual é a função do garçom? *Esperar* e atender os clientes que lhes pede que seja servida uma refeição. Deveríamos adotar atitude idêntica. Enquanto esperamos, deveríamos servir a Deus o tempo todo. Não nos cabe ficar sentados simplesmente, esperando que alguma coisa aconteça.

Esperar em Deus não implica a inexistência de movimento. Na verdade, pode haver mais movimento quando se está esperando do que nunca.

A Bíblia nos ensina: "Tudo o que fizerem, seja em palavra seja em ação, façam-no em nome do Senhor Jesus, dando por meio dele graças a Deus Pai" (Colossenses 3.17). Portanto, mesmo quando não entendemos o que Deus pretende nem por que estamos sendo obrigados a atravessar o vale em que nos encontramos, continuamos a servi-lo e a fazer o que sabemos que precisa ser feito enquanto esperamos. Eu sei: isso é mais difícil do que parece, *especialmente* quando se está afogado em um manancial de tempos difíceis e emoções dolorosas.

É aqui que entra a fé.

2.4
Pela fé

Dê o primeiro passo pela fé. Você não precisa enxergar a escada inteira; basta subir o primeiro degrau.
— Martin Luther King Jr.

Em se tratando de fé, sempre haverá alguma espera envolvida. Gosto muito de como a versão Nova Bíblia Viva apresenta o compromisso divino a Habacuque: "Essas coisas que planejei, porém, não acontecerão imediatamente. Devagar, mas com determinação, certamente vai se aproximando o tempo em que a visão será cumprida. Se aparentemente está demorando muito, não se desespere, porque tudo vai acontecer mesmo! Seja paciente! O cumprimento dessa promessa certamente ocorrerá e não se atrasará!" (Habacuque 2.3, NBV). Reconforta saber que o tempo de Deus é perfeito. Amo a maneira de C. S. Lewis expressar isso: "Estou certo de que Deus não deixa ninguém esperando, a menos que ele saiba ser bom para a pessoa esperar". Podemos confiar em que Deus fará o melhor para nós na hora certa.

Na minha infância e adolescência, sempre que me via em apuros — ainda mais se fosse porque a minha mãe descobrira que eu tinha feito algo que não deveria —, sete palavrinhas me aterrorizavam: "Espere só seu pai voltar para casa!"". Dependendo da gravidade do crime, ela dava ênfase a diferentes palavras: "*Espere* só seu pai voltar para casa!" ou "Espere só seu *pai* voltar para casa".

Ele era um homem amoroso, excelente pai. Nunca fez nada contra mim e sempre tinha o meu melhor em vista quando me disciplinava. Mas, como acontece com a maioria das crianças, ao ouvir essas palavras odiosas eu parava por completo o que quer que estivesse fazendo. Significava que o problema não era do tipo "Fiz uma coisa errada, e mamãe vai lidar com a situação". O erro agora entrava na categoria "Papai vai lidar com a situação dessa vez". Eu pensava: *Epa! É melhor começar a orar agora desde já!* Então papai chegava, conversava com a mamãe, depois comigo, e tratava do problema. A expectativa era sempre pior que quaisquer castigos ou consequências.

Desconfio que Deus tenha usado tom semelhante ao da minha mãe quando mandou Habacuque esperar. Em poucas palavras, ele disse ao profeta: "Compreendo que os babilônios são maus e, na sua opinião, merecem algum tipo de castigo. Bem, não se preocupe, Habacuque — eles receberão o que merecem. E será bom. Basta esperar. Sou o Pai celestial. Sou justo e reto, e eles terão de enfrentar o castigo por seus pecados". Há uma percepção de que Deus pede para Habacuque confiar nele e descansar na garantia de que ele de fato se certificará de que a justiça prevalecerá, e o mal será frustrado. Mas não de imediato.

Não só Deus promete punir os babilônios como também deixa muito claro o motivo pelo qual experimentarão

Pela fé

seu castigo. Esses invasores inimigos eram orgulhosos e arrogantes. "Não precisamos seguir as regras de Deus. Somos mais fortes que isso. Estamos prontos para o que der e vier. Temos tudo sob controle." Consideravam-se a exceção às regras divinas. "Suas leis são ótimas para os israelitas, mas nós fazemos o que queremos."

Então Deus relacionou parte de suas piores ofensas e descreveu como eles seriam castigados. Dirigindo-se aos babilônios ladrões, proclamou: " '[...] Ai daquele que amontoa bens roubados [...]' " (Habacuque 2.6). Vocês pagarão pelo que têm feito. Em seguida, confronta os impostores e enganadores: " 'Ai daquele que obtém lucros injustos para a sua casa [...]' " (v. 9). Receberão o que merecem. Os envolvidos com a violência tampouco escaparam de sua observação: " 'Ai daquele que edifica uma cidade com sangue [...]' " (v. 12). E, por fim, nessa lista de ais, Deus identifica até os baderneiros — isso mesmo, os baderneiros, aqueles que " '[...] [dão] bebida ao seu próximo [...]' " (v. 15) — e os idólatras (v. 18,19).

Suponho que a menção divina dos crimes e ofensas dos babilônios só deve ter reforçado a fé de Habacuque. Deus deixou claro que sabia *com exatidão* o que estava acontecendo. Não fingira olhar para o outro lado. Não estivera ocupado com outras questões. Na verdade, já decidira *exatamente* como os castigaria quando o *mow'ed* chegasse.

Oh, sim... Espere só seu Pai voltar para casa.

MESMO QUANDO SOMOS OBRIGADOS A ESPERAR, DEUS SEMPRE reforça as promessas que nos foram feitas e nos relembra de sua presença. Pode ser por intermédio da Palavra, de um sussurro ou de alguém, ou apenas por crermos pela fé que está conosco. Ele deixa claro que não descuida de nós ou das nossas necessidades. Em troca, pede que vivamos pela fé, confiando nele e servindo-o durante o nosso período de espera.

Há não muito tempo, no pequeno grupo, Rob e Dahrenda, amigos próximos, decidiram se abrir com os presentes em relação a uma provação recente. Apesar de inocentes, estavam sendo processados por um parente distante. Entre lágrimas, Dahrenda explicou quanto Deus devia querer que dependessem dele:

— Fizemos tudo que estava ao nosso alcance. Agora só nos resta esperar. — E continuou, enxugando as lágrimas: — Deus quer a nossa atenção e afeto a ponto de permitir que passemos por essa ação para nos ensinar a depender dele.

Admirado, fiquei observando sua fé amadurecer diante dos meus olhos, como a rosa que abre as pétalas gentilmente ao florescer.

Para deixar bem claro, esse tipo de maturidade não acontece de uma hora para outra. Trata-se de um processo que nasce do tempo com Deus e costuma ser resultado de se aprender a confiar nele em meio a uma dificuldade. Essa maturidade nunca vem fácil, mas, quando a vemos nas pessoas, fortalecemo-nos mais do que somos capazes de perceber. Na verdade, se você quer mesmo fortalecer a sua fé, não conheço melhor lugar ao qual recorrer do que o livro de Hebreus. No capítulo 11, encontramos o *Hall* dos Heróis da Fé, uma lista de muita gente que lutou, esperou, viveu pela fé e viu cumpridas as promessas de Deus. Pessoas que passaram por situações incríveis — tribulações aparentemente impossíveis — e no final experimentaram um novo nível de intimidade com Deus, ao mesmo tempo que testemunhavam mais do seu poder.

Pela fé, Noé obedeceu a Deus e construiu uma arca, salvando a própria família.

Pela fé, Abraão e Sara receberam o filho que Deus lhes prometera, embora tivessem passado da idade fértil.

Pela fé, José superou a traição, a escravidão, falsas acusações e o encarceramento para salvar a nação de Israel.

Pela fé, o povo de Deus deixou o Egito e atravessou o mar Vermelho, que se abriu de ambos os lados para deixá-lo passar.

Pela fé, os israelitas marcharam ao redor das muralhas de Jericó, e elas ruíram.

Ninguém aqui era perfeito — longe disso, na verdade. Todos tinham suas lutas e dúvidas, erros e infidelidades, imperfeições e fraquezas, mas perseveraram na fé e esperaram em Deus vezes e mais vezes.

Pela fé, você resistirá.

Pense bem: se você tivesse tudo sob controle, não necessitaria da fé. Poderia viver apenas pelo seu entendimento. Por lógica, mas não por fé. Entretanto, quando você não compreende algo, tem a oportunidade única de aprofundar a fé. Oswald Chambers disse: "Fé é confiança proposital no caráter de Deus, cujos caminhos você pode não entender no momento".

Michele e Jonathan são dois dos meus membros favoritos da equipe com que trabalho regularmente na igreja. Depois de uns dois anos orando sobre adoção, eles decidiram que esse era um caminho pelo qual gostariam de enveredar.

Esperança na escuridão

Guardaram dinheiro para cobrir os custos, começaram a preparar um quarto em casa para a criança e reuniram-se com assistentes sociais que os ajudassem a encontrar uma criança necessitada.

Apesar de abertos para adotar uma criança de qualquer idade, entusiasmaram-se quando ficaram sabendo da mãe de dois filhos que engravidara e achara melhor entregar o terceiro filho para doação. Essa pobre mãe devastada vivia em extremo grau de pobreza. Lutara contra o vício das drogas e agora precisava lidar com tantos "pais" quantos eram seus filhos. No nosso escritório, comemoramos o que parecia uma resposta às nossas orações em favor dos nossos amigos.

Mas, quando o bebê nasceu, a mãe biológica mudou de ideia. Jonathan e Michelle ficaram transtornados. Entristecia-os não só a própria perda, como também a preocupação com a linda criança que já amavam, e cujas circunstâncias provavelmente significavam que ela enfrentaria uma vida bem mais difícil.

Assim, esse casal precioso fez o que qualquer um faria: chorou, e chorou, e depois chorou mais um pouco. Quando tornei a vê-los na semana seguinte, surpreendeu-me a determinação espiritual deles. Depois que os abracei, Michelle me confidenciou sua certeza de que Deus amava a bebezinha muito mais que eles. Claro que ainda se sentiam desapontados, mas estavam depositando toda sua fé e confiança no plano soberano de Deus.

Senti uma profundidade espiritual nos dois que superava muito sua idade. Lutavam com a decepção ao mesmo tempo que abraçavam a bondade divina.

Pela fé

Portanto, quando o seu casamento estiver caindo aos pedaços e as pessoas à sua volta ficarem dizendo coisas como: "É difícil demais; talvez fosse melhor vocês partirem para o divórcio de uma vez", mergulhe fundo e lembre-se dos votos que fizeram, confiando em Deus, pela fé, que todas as coisas são possíveis para ele. Quando os seus filhos tomarem uma decisão errada atrás da outra e todo o mundo disser "Ah, meu velho, a juventude está toda atrapalhada; não tem mais jeito", creia pela fé que Deus trabalha na vida deles para produzir o bem daqueles que o amam e são chamados de acordo com seu propósito.

Quando Deus lhe promete um filho, mesmo você não sendo capaz de conceber, creia pela fé que Deus o tornará realidade. Pode ser que ele opte por lhe dar um filho de nascença; pode ser, em vez disso, que prefira lhe dar um por adoção. Não importa o que ele faça, continue a acreditar pela fé. Talvez você não tenha recursos financeiros suficientes para chegar ao fim do mês, mas é obediente à Palavra de Deus e pela fé lhe oferece o dízimo, confiando nele como seu provedor supremo.

Ouça com atenção. Escreva o que Deus lhe está mostrando. Então, enquanto espera, pela fé, continue a crer.

Fé não é fé enquanto não for tudo a que você se agarra. Quando não lhe restar mais nada a que se apegar, continue a estender as mãos para Deus.

Insista um passo atrás do outro, dia após dia, mesmo quando tudo estiver dando errado, em viver pela fé. Não pare. Não desista. Não retroceda.

Ande pela fé.

2.5
"Fé provada"

Sou do tipo que prefere afundar com fé a nadar sem ela.
— Stanley Baldwin, primeiro-ministro britânico, 1923-29, 1935-37

E se você vive pela fé, mas chega ao fim da vida sem ver o cumprimento da promessa que Deus lhe fez? Ousa acreditar que ele *ainda* manterá sua palavra, mesmo você não tendo a oportunidade de contemplar esse acontecimento durante o seu tempo de vida aqui? É possível que você desenvolva tamanha intimidade com Deus a ponto de ser capaz de continuar a amá-lo e a servi-lo apesar de seu desapontamento?

Habacuque é um bom professor dessa lição para nós, pois só na geração seguinte à dele o Senhor cumpriu a promessa de punir os babilônios.

Isso é muito tempo para se esperar.
Mas o Senhor continua sendo fiel.
Ele sempre é.

Habacuque nos presenteia com três palavrinhas a que podemos nos apegar quando parece que Deus não fez o que prometeu. Não importa o que você esteja passando, nunca abra mão dessas palavras.

Se quer mesmo sair do vale e chegar mais perto de Deus, aqui está a expressão a que você deveria se agarrar com firmeza. Se quer ser capaz de se aproximar de Deus — haja o que houver —, essas são as três palavras de que você precisa se lembrar na sua jornada rumo à intimidade e à confiança e fé definitivas nele:

" 'O SENHOR, porém [...].' "

Essas palavras se encontram em Habacuque 2.20, quando o profeta, depois de reconhecer que continua não gostando do que vem acontecendo, diz: " 'O SENHOR, porém, está em seu santo templo; diante dele fique em silêncio toda a terra' " (grifo nosso).

EMBORA ME SINTA CONTRARIADO, BRAVO, CONFUSO, DESApontado e impaciente, hei de me lembrar de quem é Deus.

O Senhor ainda está no comando.

E ele é bom.

Ele é justo.

Ele é verdadeiro.

Ele é fiel.

Ele é onisciente, onipotente e onipresente.

O mundo pode parecer de cabeça para baixo, mas o Senhor continua presente.

Ele é soberano e tem um plano — um plano muito maior do que você consegue enxergar no momento.

Preciso respeitar que ele é Deus, não eu.

Sua noção de tempo não é a minha.

Seus caminhos são mais elevados do que jamais compreenderei.

Ele é supremo em toda sabedoria e conhece o fim desde o princípio.

"Fé provada"

Sou só uma pessoa, sua criação.
Ele tem tudo sob controle.

ÀS VEZES, A NOSSA FÉ É PROVADA A PONTO DE PARECER QUE quase nada restou. Mas aqui está uma notícia maravilhosa: Jesus nos disse que mesmo com apenas uma partícula de fé tão pequena quanto um grão de mostarda podemos mover montanhas. Se quer crer, faça pressão, com toda a sua força, no sentido de conhecer a Deus e confiar nele, mesmo que a sua força já esteja quase se acabando. E se *querer* acreditar for o suficiente? E se essa pequenina porção de fé quase imperceptível continuar sendo agradável para Deus? E se o simples *querer acreditar* for a semente de mostarda da fé?

Vemos pessoas submetidas a provas em circunstâncias tão dolorosas quanto as de Habacuque, talvez até mais pessoais. A vida de Sadraque, Mesaque e Abede-Nego estava em jogo. Eles enfrentaram um dilema terrível, mas, no fim, uma escolha fácil. Anunciaram: "O rei Nabucodonosor está ordenando que nos curvemos e adoremos a ele em vez de Deus, ou nos lançará nessa fornalha ardente. Não nos curvaremos diante de um homem nem o adoraremos, mesmo se esse homem for rei. Cremos que Deus nos libertará. Todavia, tudo bem se ele não o fizer. Não nos curvaremos diante de ninguém a não ser diante do nosso Senhor".

Você consegue perceber essa fé profunda, interior, inabalável em um Deus digno de confiança? A fé deles não se baseava no desfecho desejado, mas tão somente no caráter e na bondade de Deus.

Em essência, os três adolescentes fincaram pé com ousadia e declaram:

"Cremos que o nosso Deus pode."
"Cremos que o nosso Deus o fará."
"Mas, mesmo que ele não o faça, ainda cremos."

Como podiam ter tamanha confiança? Por que se dispunham a morrer em vez de aproveitar a oportunidade de salvar a própria pele e pedir perdão a Deus depois? Porque acreditavam que Deus tinha tudo sob controle, e isso lhes bastava.

Sabiam que, mesmo se sofressem uma morte terrível, lancinante nas chamas da fornalha do rei, Deus continuava sendo Deus. Acreditavam que o Senhor estava em seu trono e que a eles tocava apenas fazer sua parte e confiar nele.

E o que dizer de Jó? Ele sim viu sua própria vida vir abaixo! Jó perdeu *tudo*, mas não conseguia entender por quê. Amigos afirmaram ser evidente que ele estava sendo castigado; no entanto, Jó não foi capaz de pensar em nada que tivesse feito para desagradar a Deus — com certeza não em escala tão extrema. Sua esposa lhe disse que ele devia maldizer a Deus e renunciar àquele que claramente o abandonara. Jó se recusou. Em vez disso, viveu pela fé. E tornou-se ainda mais íntimo de Deus. Declarou: " 'Embora ele me mate, ainda assim esperarei nele [...]' " (Jó 13.15). Nada conseguia arrancar-lhe a fé.

Talvez a profundidade de fé que você nunca soube possuir, revelada pela provação, o deixe chocado. Em 1Pedro 1.7, lemos o seguinte:

"Fé provada"

> Essas provações são para mostrar que a fé que vocês têm é verdadeira. Pois até o ouro, que pode ser destruído, é provado pelo fogo. Da mesma maneira, a fé que vocês têm, que vale muito mais do que o ouro, precisa ser provada para que continue firme. E assim vocês receberão aprovação, glória e honra, no dia em que Jesus Cristo for revelado. (NTLH)

Habacuque não recebeu a resposta que desejava de Deus, mas continuou acreditando. Conquanto a vida estivesse para se tornar ainda mais dura, ele escolheu guardar a fé. Sabia que Deus continuava sendo Deus. Sabia que Deus continuava no comando. Não importava o que experimentasse, o tempo todo ele retornava às três palavrinhas imbuídas de enorme poder:

"O SENHOR, porém..."

Circunstâncias extremas exigem fé extrema. Eis algo que, espero, lhe servirá de encorajamento: você percebe que uma porção ínfima de fé na verdade é fé extrema?

Permita-me explicar o que estou querendo dizer. Há uma família na nossa igreja cuja filha de 21 anos sofreu uma convulsão grave. Sofrera outras, menores e intermitentes ao longo dos anos, mas essa era diferente: dessa vez ela não recobrou a consciência. Em pânico, a família chamou uma ambulância. Infelizmente, Amy e eu estávamos fora do país quando recebemos a notícia. Vários dias mais se passaram antes que enfim conseguíssemos retornar e visitá-los. A cada novo dia, as notícias só pioravam. Primeiro, os médicos disseram que o cérebro dela fora lesionado. Depois, que tivera morte cerebral, o que significava que ela não sobreviveria sem a ajuda de aparelhos. Por fim, recomendaram à família começar a discutir quando deveriam desligar os aparelhos da filha.

Quando entramos no quarto, a família inteira irrompeu em manifestações de dor. Com as lágrimas escorrendo livremente e sem palavras para lhes dizer, limitamo-nos a ficar abraçados uns aos outros durante o que pareceram horas. Por fim, a mãe da jovem perguntou se podíamos orar por sua filha. Eu tinha algumas ideias do que orar, mas, em respeito à fragilidade e à sensibilidade envolvidas naquela situação desesperadora, perguntei-lhes como gostariam que orasse. A mãe — que, digamos assim, estava longe de ser a frequentadora mais atenta e comprometida da igreja — encarou-me com os olhos tão inchados quanto os meus. Com pouco mais que um vestígio de determinação na voz, ela respondeu:

— Sei que os especialistas afirmam não haver mais esperança, mas ainda quero crer que Deus poderia curá-la.

Lá estava ela, uma semente de fé.

Era pequena. Mal se notava. Um grão.

De modo que oramos. E, tanto quanto nos foi possível, cremos contra todas as evidências que a menina seria curada.

Para ser franco, esse é o tipo de oração que, como pastor, faço com frequência. Em muitas ocasiões, acabo oficiando poucos dias depois o funeral da pessoa. Mas dessa vez as coisas foram diferentes. Em questão de dias, ela começou a melhorar. Em semanas, voltou para casa. Deus ouvira nossa oração. E realizara o impossível. O Senhor estava com aquela família.

Também passei algum tempo com outra família cuja filha de 19 anos, Bethany, tinha câncer cerebral. Os médicos estavam bem confiantes de que haviam extirpado todas as

"Fé provada"

células cancerígenas durante as duas cirurgias a que ela fora submetida. Projetavam que Bethany tinha muitos anos ainda para viver. A tragédia é que, cerca de nove meses depois, ela morreu de repente. O câncer voltara com força. Alguns talvez questionem por que Deus estava com a primeira família e não com a segunda. Espero que você consiga ver que ele estava com as duas — apenas de maneiras diferentes. Para a primeira família, Deus estava como o médico dos médicos. Para a segunda, como consolador. Embora esta experimentasse uma das piores perdas da vida, também experimentou uma das maiores medidas da graça de Deus. Ele estava ali cada momento de cada dia de dor. Sua graça bastava.

Quando você não tem para onde se voltar, quando as suas ideias e recursos já se dissiparam, quando o seu controle sobre a situação está em frangalhos, Deus continua do seu lado. Quando os seus joelhos doem por todo o tempo dobrados em oração, mas você não pode dizer nem se ele está ouvindo, Deus continua do seu lado. Quando as pessoas riem de você, zombando da sua fé, Deus continua do seu lado. Quando você não sabe se consegue sobreviver a mais um dia, Deus continua do seu lado. Quando a voz do Inimigo da nossa alma nos sussurra ao ouvido que deveríamos desistir de uma vez, Deus continua do nosso lado.

Ele ama você. Vela por você. Nunca o deixará nem o desamparará. Nunca o decepcionará. Talvez ele não faça exatamente o que você quer. Mas é sempre fiel, não importa quanto suas circunstâncias pareçam indicar o contrário.

Aconteça o que acontecer na sua vida, o Senhor está em seu santo templo.

Parte 3

Esperança e glória

3.1
Lembre-se

Se pensa que Deus se esqueceu de você,
significa que você se esqueceu de quem ele é.
— Anônimo

Pouco tempo atrás, precisei usar o telefone para fazer algumas mudanças na nossa conta bancária. Para confirmar a minha identidade, a atendente pediu o meu número de identificação pessoal (PIN, em inglês). Passei o número de que me lembrava, mas descobri que estava errado. Quando ele fora alterado?

Por causa disso, ela então quis saber não só os quatro últimos dígitos do meu número de seguridade social como também dois endereços em que residimos antes e o nome do meu bicho de estimação favorito na infância (o qual, para o caso de você estar se perguntando, não era um gato). Graças a Deus, consegui me lembrar disso tudo, apesar de muitas respostas serem de há dez, quinze, até vinte anos ou mais. Surpreende-me como a mente humana é impressionante — em especial sua capacidade de registrar e armazenar dados em forma de memória. Pelo fato de considerar o assunto muito instigante, fiz uma pequena pesquisa *on-line*, procurando ler sobre as diferenças entre memórias de curto e de longo prazo. Em essência, duas coisas distinguem os dois tipos um do outro. A primeira é a relevância por nós atribuída àquilo de que nos lembramos. A segunda é a frequência com que pensamos a respeito — com que evocamos essa lembrança ou com que ela nos vem à mente por conta própria.

Claro, dados importantes como o seu número de segurida social e o endereço dos lugares em que morou muito tempo ficam incorporados em alguma parte da memória de longo prazo. Mas PINs e senhas de computadores, que costumam mudar a cada poucos meses, podem ser mais traiçoeiros. Pelo fato de a mente humana ter consciência o tempo todo de que a importância dessas coisas é limitada, reservamos apenas a superfície da nossa memória para monitorá-las. No caso da maioria de nós, há um prazo de validade para esse tipo de detalhe. Essa a razão por que raras vezes conservamos momentos específicos da nossa rotina diária na memória de longo prazo; têm de ser muito bons ou muito ruins, ou se destacar de alguma forma do usual.

Por isso consigo recordar nitidamente dos filés incríveis que Amy preparou no jantar do nosso aniversário, mas não sei lhe dizer o que comi ontem à noite. Por isso me lembro do que os meus filhos escreveram no meu último cartão de Dia dos Pais, mas não do que chegou pelo correio de ontem. Também me lembro de como foi difícil atravessar uma época em que Amy ficou bastante doente, mas não da última vez que tive um resfriado.

Lembramo-nos do que importa mais para nós porque é um vídeo que reprisamos com frequência na nossa memória.

Lembre-se

COMPARTILHO ESSE MEU PEQUENO PASSEIO NA LADEIRA DA memória porque uma das melhores formas para sairmos do fundo do vale é lembrar do que Deus tem feito por nós.

Não só do que ele fez pelas pessoas na Bíblia, pela nação de Israel, pelos nossos pais ou amigos, ou mesmo pela nossa igreja, mas do que ele tem feito por *mim*. Habacuque compreendeu isso. No terceiro e último capítulo de seu livro, encontramos a oração que a versão da *Nova Versão Internacional (NVI)* da Bíblia nos diz ser sobre *"shigionoth"*. Conquanto os estudiosos não saibam o significado exato da palavra, é provável que se refira a uma composição musical ou literária. Portanto, resumindo, Habacuque escolheu uma estrutura ou configuração artística específica para compartilhar sua oração. Apesar de não sabermos como é essa composição exatamente, chama a minha atenção o fato de o mesmo sujeito que dirigira perguntas em tom acusatório para Deus agora ter mudado o tom. Encontramos esse mesmo tipo de movimento — da dúvida para a fé — no livro de Salmos. Assemelha-se a entoar um cântico de adoração que reconhece a dureza da vida e, no entanto, como podemos confiar em Deus. É mais um passo — um passo bem grande, na verdade — na jornada para fora do vale.

Mas sair do vale não é só tentar seguir um roteiro predefinido e vestir uma máscara de felicidade quando no fundo se está sofrendo e cheio de problemas. Às vezes, as pessoas me dizem que não conseguem ir à igreja e cantar músicas alegres e otimistas de adoração quando enfrentam uma crise financeira, ou o vício de um filho, ou o resultado ruim de um exame médico. Digo-lhes que tudo bem, ainda podem adorar a Deus onde quer que estejam; todos podemos.

Esperança na escuridão

Habacuque ora: "SENHOR, ouvi falar da tua fama; tremo diante dos teus atos, SENHOR. Realiza de novo, em nossa época, as mesmas obras, faze-as conhecidas em nosso tempo; em tua ira, lembra-te da misericórdia" (Habacuque 3.2). Há um tom respeitoso e agradecido no modo como ele começa esse trecho. Como se dissesse: "Bem, para ser franco, Deus, já vivi outros tempos em que a sua presença parecia mais real do que agora. O Senhor fez grandes coisas na época. Esse é o Deus que conheci. Portanto, eu lhe peço, faça por nós agora as mesmas coisas outra vez. Repita todos os grandes feitos que sei que o Senhor realizou então". Na verdade, o termo hebraico traduzido aqui por "realiza de novo" é *chayah*, que quer dizer renovar, reviver ou restaurar.

Desse ponto em diante, a oração de Habacuque relaciona alguns lugares e acontecimentos muito tangíveis e visíveis que desencadearão lembranças espirituais no povo de Deus. O profeta cita localizações específicas: Temã, o monte Parã, Cuchã e Midiã. Também faz referência a várias criações de Deus: montes antigos, rios e riachos, céu e terra, sol e lua. Esses versos podem não ter o mesmo efeito sobre nós que tiveram sobre as pessoas da época de Habacuque. Mas o chamado para recordar o que Deus tem feito permanece atemporal, inclusive para nós.

Embora com certeza nos fosse possível pesquisar e apreciar os fatos históricos mencionados por Habacuque (e eu recomendaria que você o fizesse em algum momento), a oração dele basicamente nos desafia a recordarmos as nossas principais lembranças: pessoas, lugares, ocasiões e provisões que revelam a presença de Deus como um todo na nossa vida. Habacuque nos incita a tirar proveito das

Lembre-se

memórias de longo prazo envolvendo Deus em vez de sermos míopes a ponto de optarmos por viver repassando apenas as circunstâncias imediatas e penosas.

A memória tem uma coisa curiosa. Os cientistas nos contam que uma das maneiras mais poderosas de recordarmos acontecimentos do passado é pelo que eles chamam de "memória sensorial". Na verdade, vários estudos sugerem que os odores podem ser a mais poderosa de todas as memórias sensoriais. Com certeza é o que acontece no meu caso. Amy usava um perfume quando saímos pela primeira vez e hoje, toda vez que o sinto, penso em... Ora, penso nos nossos seis filhos, se é que você me entende.

Pode ser que, ao sentir o aroma irresistível de uma torta de maçã no forno, você se lembre da casa da sua avó, ou de um jantar especial que a sua mãe costumava fazer. As músicas podem causar efeito semelhante, levando-nos direto de volta a um tempo e lugar específicos na nossa vida. Se você tem mais ou menos a minha idade, toda vez que escuta Air Supply, Lionel Richie ou Chicago deve se lembrar ou da primeira vez que andou de patins com uma parceira, ou do seu baile de formatura. (E, se for muito mais jovem que eu, é provável que esteja se perguntando por que alguém pensaria nessas coisas ao ouvir falar em suprimento de oxigênio, quem foi Lionel Richie e o que ele estava fazendo em Chicago!)[1]

Para o povo de Israel, quando Habacuque menciona o nome desses lugares, saltam à mente recordações de antigos acontecimentos. Temã e o monte Parã se referem a locais em

---

[1] Embora adote a grafia Air Supply ao citar a banda australiana de *soft rock*, o autor brinca com o significado da expressão que, além de suprimento de oxigênio, também pode se referir a transporte aéreo [N. do T.].

Esperança na escuridão

que os israelitas encontraram refúgio depois de libertos por Deus da escravidão egípcia. De repente as pessoas sentem o coração acelerar ao se lembrarem de quando abandonaram rapidamente suas casas só com a roupa do corpo, crendo que a liberdade não era mais um sonho e sim uma possibilidade real. Sentem o cheiro do mar Vermelho e se recordam da visão dos enormes paredões de água se fechando atrás delas assim que terminaram de atravessar o mar. É quase como se Habacuque dissesse "Ei, pessoal, lembram-se de quando..." e os israelitas todos compartilhassem das memórias do que Deus fizera em seu benefício.

É a experiência que temos com os filhos quando lemos uma história para eles, ou quando fazemos uma voz engraçada, ou como em um passo de mágica tiramos uma moeda da orelha deles. Como reagem toda vez? "De novo, papai! Faz de novo!" Depois que ficamos noivos, presenteei Amy com um livro infantil chamado *Miffy's Bicycle* [A bicicleta de Miffy]. Ela me encarou achando graça a princípio, mas então expliquei que não via a hora de lê-lo para os nossos filhos. Bem, como era de se esperar, seis filhos depois, já li o livro tantas vezes que as páginas estão caindo. Noite após noite, as crianças me suplicavam:

— Lê de novo, papai! E conta a parte em que você deu o livro para a mamãe antes de eu nascer!

Os nossos filhos amam essa história, em parte pela noção instintiva de que ela os conecta com suas origens, sua família, de onde eles vieram. Habacuque entendeu o poder desse tipo de lembrança. Ele pinta uma imagem viva de Deus expondo sua glória e poder por intermédio da natureza — ajudando as pessoas a se lembrarem.

Lembre-se

Quase posso imaginá-lo dizendo: "Deus, eu me lembro do que o Senhor fez. O Senhor nos atordoou com seu poder e glória. Lembro-me de quando o Senhor conduziu seu povo por meio do fogo e da nuvem. Lembro-me de quando o Senhor nos alimentou com pão do céu. Lembro-me de quando as águas se abriram e atravessamos pela terra seca. Lembro-me de quando o Senhor sacudiu a terra e as muralhas desmoronaram. Lembro-me de quando o Senhor usou chuvas torrenciais para derrotar quem nos fez mal. Lembro-me de quando o Senhor enviou pestes e pragas contra os nossos inimigos. Deus, lembro-me do que o Senhor é capaz. Agora, por favor, renova esses feitos nos dias de hoje".

QUANDO ESTOU NO VALE, ÀS VEZES SÓ PRECISO RECORDAR. Basta me lembrar de tudo que Deus tem feito na minha vida — por mim, por meu intermédio, até apesar de mim. Retorno para quem sei que Deus é. Quando não consigo enxergá-lo na minha situação presente, lembro-me do que ele fez no passado.

Lembro-me de quando estava na faculdade, mais perdido do que você seria capaz de imaginar. Clamei a Jesus pedindo-lhe — não, quase o desafiando: "Se o Senhor é real, e se o Senhor *está por perto*, faça alguma coisa". O que ele fez foi tão sobrenatural que jamais me esquecerei daquele momento enquanto viver. Quando caí de joelhos, eu era uma pessoa, encontrei-o em oração e então, ao me levantar, era outra pessoa completamente diferente. Delicio-me naquele momento.

E então me recordo de como Deus trouxe Amy à minha vida. Continua sendo o milagre dos milagres que eu tenha a sorte de passar o resto da vida com a minha melhor amiga e companheira espiritual, além de mãe da minha meia dúzia de filhos fabulosos. Dou muito valor a ela e ao presente de Deus que Amy foi e continua sendo.

Então me lembro de quando a nossa filha Catie nasceu, e de como, menininha ainda, ela era apaixonada por Jesus. Lembro-me de quando ela entrou no meio de um tipo de hera venenosa, com cerca de 3 anos de idade, e ficou coberta de urticárias dos pés à cabeça. Aquela noite, antes de dormir, ela me disse:

— Papai, Jesus vai me curar porque eu orei.

Lembro-me de ter pensado: *Uau, que meiga. Mas não sei o que faremos se amanhã ela ainda tiver essas urticárias.* Na manhã seguinte, Catie entrou correndo no nosso quarto, nua em pelo e zonza de alegria, gritando:

— Olhem! Olhem! Ele me curou! — E... a... urticária... desaparecera... por... completo! Maravilhei-me diante do que acontecera e com a maneira pela qual Deus ouvira a oração de uma criança.

Lembro-me de Amy e eu ainda jovens, começando no ministério e sem nenhum dinheiro. Oramos juntos: "Deus, não sabemos de onde virá a comida". No dia seguinte, recebemos um cheque de reembolso pelo correio. Sentimos que Deus compreendia o que estávamos passando, que se importava e era o nosso provedor. Ainda sentimos isso.

Lembro-me de quando demos início à igreja. Acabáramos de nos mudar para um novo endereço, no refeitório de uma escola. Postei-me um domingo na frente de cerca de 100 pessoas e lhes falei com muita naturalidade:

— A escola disse que não podemos mais nos reunir aqui. Não sei para onde vamos, mas creio que Deus proverá.

Lembre-se

Na quinta-feira da mesma semana, alguém permitiu que nos mudássemos para seu prédio, uma pequena fábrica de bicicleta. Pusemo-nos a quebrar as paredes e a reordenar o espaço porque Deus nos provera. Lembro-me da construção das primeiras instalações próprias da igreja. E de quando elas começaram a encher quatro vezes por fim de semana, sendo que não tínhamos dinheiro suficiente para construir de novo. Lembro-me de como foi quando nos vimos obrigados a dispensar pessoas por não termos espaço suficiente para elas. E de orar: "Deus, por favor, dá-nos um presente milagroso". E então outra igreja das proximidades entrou em contato e perguntou:

— Será que podemos juntar a nossa igreja com a de vocês?

Um mês depois, os membros daquela igreja votaram para nos doar seu prédio isento de quaisquer dívidas e se reunirem a nós. Lembro-me de que aquele dia me pareceu tão milagroso quanto o Pentecoste deve ter sido para os cristãos do primeiro século.

Lembro-me da vez em que fui visitar uma mulher no hospital. A família dela me contou:

— Disseram que ela tem menos de uma hora de vida. — E se reuniram todos para a despedida. Lembro-me de que oramos e imediatamente os sinais vitais da enferma começaram a mudar. Dois dias depois ela voltou para casa curada.

Lembro-me da vez em que, conversando com um casal depois do culto, eles revelaram entre lágrimas:

— Há sete anos tentamos tudo, mas não conseguimos ter um filho. Você poderia orar por nós?

Fiz isso e algo aconteceu durante a oração que eu nunca tinha visto e nunca voltei a ver. Não sei nem explicar o porquê, mas, depois de orar, virei-me para o casal e disse:

125

— Decorem o quarto do bebê. E em azul, porque dentro de nove meses Deus lhes dará um filho.

Nove meses depois, eles davam as boas-vindas para seu menininho.

Não importa como está a sua relação com Deus no momento, você também tem essas memórias de quando ele esteve nitidamente envolvido na sua vida. Talvez você pense que os seus problemas não são tão importantes quanto os que acabo de compartilhar. Lembre-se: toda vez que Deus age e se revela é importante. Ele nos mostra o tempo todo que está conosco e tem cuidado de nós. Talvez tenha acontecido na hora que, sofrendo muito, você ligou o rádio e a canção que ouviu lhe pareceu uma mensagem especial de Deus para a sua vida naquele instante. Ou pode ter sido algo simples como o dia em que você estava lendo a Bíblia e deparou com um versículo que o fez pensar: Ó, meu Deus! Se esse versículo foi escrito para mim, só *pode ser para mim*. Ou quando você se sentia deprimido e só e um amigo telefonou para dizer: "Perdão se parecer estranho, mas Deus colocou você no meu coração e eu senti que deveria te ligar".

O que você faz quando está no vale?

Lembre-se do que Deus tem feito. De quando ele o confortou. De quando o conduziu. De quando respondeu à sua oração da maneira exata como você queria. E de quando não o atendeu, mas algum tempo depois você percebeu que ele fez exatamente conforme a sua necessidade.

E ouse acreditar que o que ele já fez, tornará a fazer.

3.2
Aceite

Não se trata de negar a realidade. Apenas sou criterioso em relação à realidade que aceito.
— Bill Watterson, *Calvin e Hobbes*

Vários anos atrás, ainda pequenos, os nossos filhos vivenciaram a primeira crise de fé. Embora eu não seja grande fã de gatos, sempre os tivemos. Por quê? Porque as minhas crianças os amam. E eu as amo mais do que desgosto de gatos. Seja como for, na época tínhamos dois gatos, Cutie Pie e Pumpkin, amados de verdade pelas crianças.

Uma noite, quando entrávamos com o carro na garagem, vimos um gato selvagem atravessar correndo o jardim. Foi uma experiência impactante; as crianças ficaram enlouquecidas, como se acabássemos de ver o Pé Grande ou coisa parecida. Mas a presença do gato selvagem adquiriu um tom diferente na manhã seguinte quando Pumpkin não apareceu para o café da manhã.

Durante cinco anos, ela sempre estivera na varanda logo pela manhã, miando e pronta para comer. Assim, diante de sua ausência, não pude deixar de me perguntar se o gato selvagem não comera um bolinho de Pumpkin de café da manhã. Preferi não comentar nada a respeito, mas no dia

Esperança na escuridão

seguinte, a segunda manhã sem Pumpkin, as crianças começaram a ficar preocupadas e a fazer perguntas. E a orar.

Os nossos meninos tinham uns 5 e 7 anos na época, e Joy estava com três. Estavam todos com um aspecto muito sério e triste, e se puseram a fazer perguntas difíceis.

— Papai, er... Pumpkin vai voltar para casa, não vai? Não vai, papai? Não vai? Porque a gente tem orado sem parar para que ela volte. Então ela vai voltar para casa, não vai? Porque Deus não deixaria que nada acontecesse com a nossa gata. Certo?

— Bem, com certeza espero que Pumpkin volte para casa — respondi, sem compartilhar nenhuma desconfiança quanto a seu destino. Como qualquer pai ou mãe que se preze, espalhei cartazes pela vizinhança anunciando o desaparecimento da gata, telefonei para abrigos de animais nas redondezas e saí perguntando se alguém vira Pumpkin. A cada cartaz que colocávamos, o nível de confiança das crianças aumentava. Elas sabiam que Deus traria de volta sua gatinha.

Depois de quase uma semana, precisei sentar-me com eles e dizer:

— Escutem aqui, pessoal. Eu sinto muito, muito mesmo, mas não acho que Pumpkin vá voltar.

Foi um momento terno, doce, desafiador. Aquelas criancinhas pequeninas com sua fé preciosa e sincera queriam respostas.

— Mas, papai... Nós oramos. Por que Deus não trouxe a nossa gata de volta?

Tive então de lhes explicar que às vezes Deus faz coisas que não compreendemos. Coisas que inclusive nos machucam, decepcionam e confundem. Precisamos aceitá-las quando é essa a escolha dele.

ÀS VEZES, O FATO DE NOS LEMBRARMOS DE TUDO QUE DEUS tem feito por nós não altera as nossas circunstâncias. Às vezes, temos de aceitar que está além do nosso presente entendimento e seguir em frente. Mas também precisamos compreender que aceitar não é negar a realidade do que vivenciamos e de como nos sentimos em relação aos fatos. Significa apenas reconhecer a verdade da situação, expressar os nossos sentimentos e olhar para Deus à espera do que ele fará.

Aceitação não é negação da realidade. Quando você aceita o que Deus está fazendo, não se limita a engolir em seco os sentimentos e deixar seu coração morrer, ao mesmo tempo que ensaia um sorriso na frente do espelho e memoriza versículos bíblicos. Aceitar que Deus está preparando algo que você não consegue enxergar ou entender de imediato não significa rolar para o lado e se fingir de morto, resignando-se ao desespero. Não, você continua orando por um milagre, a menos que receba dele uma orientação em contrário, como foi o caso de Habacuque. Mas não finja que está tudo bem quando é claro que não está.

É uma pena, mas com demasiada frequência vejo cristãos em luta tentando fazer da própria fé algo separado que precisam suportar, como um casaco de lã dois números menor que fossem obrigados a usar em pleno verão. Tentam agir como se estivessem muito bem e tranquilos quando está claro que isso não poderia ser verdade. Dou a esse tipo o nome de cristão-avestruz porque enfiaram a cabeça na areia.

Essas pessoas usam mal a própria fé, acondicionando-a dentro de vidros de areia colorida. Quando o médico diz: "Ei, sua saúde não vai muito bem, você precisa implementar algumas mudanças. Precisamos observar melhor o seu coração", não lhe dão ouvidos. Em vez de enfrentarem a realidade e aceitá-la, enfiam a cabeça na areia e pronto. Quando enfrentam problemas no casamento e ouvem o cônjuge sugerir: "Olhe, precisamos fazer terapia de casal", dizem coisas como: "Entendi o que você falou, mas por enquanto vamos apenas confiar em Deus e tudo dará certo". Enfiam a cabeça na areia.

Ou então quando as finanças vão mal, dizem: "Mas é esta que eu quero. Sei que Deus me prometeu essa casa". Em seguida, arriscam tudo contraindo dívidas muito maiores do que têm condições de pagar. Mesmo que todos os amigos de confiança aconselhem o contrário, essas pessoas compram a casa "pela fé". E enfiam a cabeça na areia. Quando a tempestade se aproxima, alguns cristãos não se preparam para a realidade — a inevitabilidade — que os atingirá. Não encaram a verdade. Enfiam a cabeça na areia, fingindo que ainda estamos todos no jardim do Éden.

Talvez Deus esteja tentando lhe dizer alguma coisa por meio das suas circunstâncias. Alguma coisa do tipo: "Tire a cabeça para fora — agora!".

HABACUQUE COM CERTEZA NÃO CONSEGUIRIA MANTER A CABEÇA na areia. Depois de interpelar a Deus e o Senhor responder falando que usaria os perversos babilônios para destruir Israel, disse o profeta: "Ouvi isso, e o meu íntimo estremeceu, meus lábios tremeram; os meus ossos desfaleceram; minhas pernas vacilaram" (Habacuque 3.16).

Aceite

Sua reação é visceral. Sabe a sensação de estar caindo que você experimenta quando acontece algo ruim que lhe foge ao controle? Sabe quando o seu corpo tenta absorver o que quer que você esteja passando e retesa os músculos, presenteando-o com dores de cabeça e de estômago? Pois bem, imagine agora Deus lhe dizendo que usará o pior inimigo do seu país para destruí-lo. Era o que Habacuque estava enfrentando. Ele olhou bem na cara da verdade e disse: "Não será um período muito divertido. Na verdade, será terrível. Muita gente inocente morrerá. Talvez isso inclua pessoas que amo. Talvez eu. Haverá grande derramamento de sangue. Não gosto disso, mas tenho de confiar em Deus, embora não entenda muito bem".

Não é uma negação da realidade. É fé. Não fé que Deus fará o que Habacuque deseja. Mas fé no caráter divino. Habacuque prossegue dizendo: "A mão soberana de Deus está fazendo algo aqui. Ele falou, então aceitarei o que quer que ele esteja fazendo, por difícil que seja para mim".

Um dia, acontecerá algo de que você não vai gostar. Pode ser que já esteja acontecendo. Às vezes você só precisa de mais paciência, fé sincera, confiança arraigada, mesmo que a sua gata não volte para casa. Nesse caso, como sair do vale?

Lembrando-se do que Deus tem feito.
Aceitando o que ele está fazendo.
Confiando no que ele fará.

3.3
Confie

A melhor prova de amor é a confiança.
— Joyce Brothers

Foi um dos funerais mais difíceis a que já tive de comparecer. Imagine então como foi oficiá-lo. Bill, um amigo próximo e sólido membro da nossa igreja, morrera de uma hora para outra aos 46 anos de idade, deixando a esposa e cinco crianças para trás. A nossa comunidade inteira chorou com eles. A família me pediu para pregar no culto fúnebre e lógico que concordei.

Não fazia ideia do que dizer ou por onde começar. Claro, dispunha de muitas passagens das Escrituras e montes de sermões em arquivo dos funerais e cultos memoriais anteriores. Contudo, nenhum deles parecia servir. Bill era um grande amigo da nossa família e eu chorava sua morte tanto quanto todos ali — recordando as conversas que tivemos, as piadas antiquadas que ele contava e os projetos em que trabalháramos juntos.

De modo que me posicionei atrás da tribuna para dar início ao culto ainda sem saber o que falar. Comecei e hesitei. Parei um instante. Tive um surto de forte emoção. Tentei recomeçar e não consegui. De repente, senti que sabia o que dizer — o que Bill gostaria que eu falasse para inaugurar seu funeral. Respirei fundo e, pela fé, disse o que parecia quase impossível diante da perda de alguém como ele.

— Deus é bom!

Fez-se um instante de silêncio enquanto a sala inteira parecia prender a respiração, mas então todos responderam em uníssono:

— O tempo todo!

Foi como um suspiro de alívio espiritual. Em nossas dores e confusão mais profundas, reconhecemos a um só tempo a bondade ininterrupta de Deus. Quase duas décadas depois as pessoas ainda falam daquele momento. Não foi fácil, mas demonstrou a nossa disposição em continuar confiando em Deus a despeito da tristeza pesada que nos envolvia o coração na época.

Refazer-nos desse tipo de golpe e usar a nossa crise de confiança como um catalisador para atingir patamar mais elevado e íntimo com Deus requer confiança. Temos de fazer escolhas em relação ao que cremos ser verdade, exercitar a nossa vontade com base nessas crenças, mas, ao mesmo tempo, continuar sendo sinceros em relação a como tudo nos parece e como nos sentimos. Se permitirmos que qualquer uma dessas partes se sobreponha às outras, acabemos resvalando de novo para o fundo do vale.

Habacuque nos oferece um modelo fantástico de resposta sadia e equilibrada àquelas que talvez fossem as piores notícias que ele poderia receber de Deus. Enquanto seu corpo ainda reagia, ele percebeu que tinha uma opção acerca daquilo em que creria. Podia confiar nas próprias emoções. Podia confiar em sua própria opinião sobre a situação. Ou podia confiar que Deus de alguma forma conseguiria

Confie

produzir o bem a partir de um cenário inconcebível — os babilônios invadindo-lhes a terra.

O profeta ora:

> Ouvi isso, e o meu íntimo estremeceu, meus lábios tremeram; os meus ossos desfaleceram; minhas pernas vacilavam. Tranquilo, esperarei o dia da desgraça, que virá sobre o povo que nos ataca. Mesmo não florescendo a figueira e não havendo uvas nas videiras, mesmo falhando a safra de azeitonas e não havendo produção de alimento nas lavouras, nem ovelhas no curral, nem bois nos estábulos, ainda assim eu exultarei no SENHOR e me alegrarei no Deus da minha salvação (Habacuque 3.16-18).

Embora mal parasse em pé depois de ouvir a notícia devastadora, embora as coisas não tivessem tomado o rumo que ele esperava, embora o tempo de dificuldades acabasse de piorar muito mais do que previra, mesmo assim Habacuque optou por se regozijar na bondade de Deus. Como todos nós presentes ao funeral de Bill, o profeta se afligia com o coração abatido; no entanto, ainda era capaz de dizer: "Deus é bom".

Em essência, ele escolheu confiar em Deus mais que em qualquer prova tangível, física e concreta que pudesse encontrar. "Apesar do meu corpo destroçado, apesar de todas as árvores frutíferas e todas as colheitas falharem, apesar de não termos criação nenhuma, ainda me alegrarei no Senhor." É loucura ou não é?

ANOS ATRÁS, UM AMIGO MEU, TERAPEUTA CRISTÃO, E EU conversávamos certo dia sobre todas as coisas terríveis, dolorosas e inacreditáveis pelas quais as pessoas passam. Compartilhara com ele que, para mim, a luta mais renhida costuma ser ver bebês nascerem com deficiências que lhes ameaçam a própria vida, crianças que contraem doenças terminais e jovens adultos — adolescentes talentosos, gentis, apaixonados por Deus — que morrem de repente em um acidente de carro ou um tiroteio na escola. O meu amigo concordou que essas eram as piores perdas de se enfrentar.

— O que você diz às pessoas que o procuram com esse tipo de perda intensa, insuportável, inimaginável? — perguntei.

Ele olhou para mim um instante e então respondeu com toda calma:

— A verdade.

Esperei que continuasse.

— Digo que não tenho uma boa explicação para o que aconteceu. Mas que Deus chora com elas com a mesma intensidade, e de algum modo usará a experiência como catalisadora de um bem maior.

Permanecemos sentados no silêncio poderoso de sua afirmação alguns instantes.

— E você acredita mesmo nisso? — quis saber. Não que duvidasse; apenas tinha certeza de que o meu amigo não conseguiria proferir essas palavras se não tivesse experimentado algumas perdas lancinantes em sua própria vida.

— Sim — ele respondeu. — Levei muito tempo para isso — anos, na verdade — mas, sim, acredito.

E prosseguiu compartilhando como fora abusado na infância por um amigo da família, o alcoolismo do pai, as tentativas de fugir de Deus na faculdade por meio das drogas, do sexo e do álcool.

— Às vezes — concluiu —, temos de chorar as perdas da vida antes de conseguirmos abrir um espaço interior, onde a fé tenha lugar para crescer. É o único modo de chegarmos mais perto de Deus quando coisas horríveis acontecem.

No seu caso, talvez você tenha a impressão de que os babilônios já lhe devastaram o horizonte do coração. Você pode estar chorando perdas que ocorreram anos atrás. Mas, mesmo em meio a tanta dor, tem a possibilidade de optar por confiar em Deus, não obstante todas as provas em contrário. Então irromperá em um novo nível de intimidade com ele. Mergulhado no sofrimento, você conhecerá sua presença. Confiará em seu caráter quando não compreender as próprias circunstâncias. Portanto, haja o que houver, por maior que seja a dor a lhe perfurar o coração, você pode continuar dando mais um passo a cada novo dia.

Como aconteceu com Habacuque, a sua oração passa a ser sincera em relação ao que você perdeu ou perderá, ao mesmo tempo mesmo que constata que ainda tem a Deus.

"Apesar de o meu cônjuge prometer até que a morte nos separasse e não ter feito jus a essas palavras, ainda me alegro no Senhor meu Deus."

"Embora eu criasse os meus filhos para terem juízo e agora eles estarem tomando decisões assustadoras, ainda assim confiarei no Senhor meu Deus."

"Embora tenhamos orado para que a saúde de determinada pessoa melhorasse, ela só fez piorar, mas ainda confio no Senhor meu Deus."

"Apesar de não conseguirmos vender a nossa casa e de estarmos no maior sufoco, ainda confiarei no Senhor meu Deus."

"Apesar do aperto financeiro e de o conserto do carro me custar 400 dólares, ainda confiarei no Senhor meu Deus."

"Apesar de não gostar, de não entender, de saber que ele poderia, deveria até, e mesmo assim não fazer nada, ainda confiarei no Senhor meu Deus."

3.4

Espere

A esperança viva nos capacita a sentir tristeza e alegria. A nossa esperança viva é um patrimônio assegurado para nós por Cristo.

— Tim Keller

Muita gente gosta de ver e rever o filme *Um sonho de liberdade*, a história de um inocente condenado por matar a esposa e sentenciado a viver atrás das grades. É um filme inspirador, uma espécie de clássico moderno, e traz uma mensagem poderosa sobre liberdade, alegria e esperança.

Mas imagine como seria você se descobrir na vida real em uma situação em que o acusassem e condenassem erroneamente por um crime em que você não é capaz nem de pensar, muito menos cometer. Imagine-se acusado de assassinar não uma, não duas, mas *seis* pessoas, incluindo quatro crianças. Imagine-se condenado à morte por esses crimes que não praticou. A data da execução é fixada não uma, mas *duas* vezes, e em ambas ocorre a suspensão da pena dias antes de lhe tirarem a vida. E assim você passa anos e mais anos — dezoito ao todo — na prisão sem que nada se altere.

Anthony Graves viveu esse calvário terrível. Acabou sendo inocentado e libertado depois da revisão de seu caso por uma professora de direito e seus alunos em conjunto com o Innocence Project, um grupo comprometido em reverter injustiças legais nos Estados Unidos. As experiências de Graves teriam levado até o indivíduo mais paciente e cheio de fé ao desespero. Seu processo fora mal conduzido em todos os níveis, e o procurador-geral do Texas atribuiu "egrégia prevaricação" ao promotor durante o julgamento.

Mas, se conversar com ele hoje, ou se o ouvir falar dessas experiências, você descobrirá que Graves é uma das pessoas mais positivas, inspiradoras, cheias de esperança que se pode encontrar. Sua credibilidade é fora de série. Ele sofreu injustiça em grande escala, perdendo quase duas décadas da vida, sem falar de sua reputação. Esse tempo todo, no entanto, jamais perdeu a fé. Oh, não resta a menor dúvida de que lutou com Deus, chegando certa vez a atirar a Bíblia contra a parede da cela depois de ler passagens como Tiago 1, que diz que consideremos motivo de grande alegria passarmos por provações.

Todavia, ele logo compreendeu a realidade de sua situação. Era inocente. Ele e Deus (e, claro, o verdadeiro assassino) podiam ser os únicos a saber disso, mas dia a dia Graves foi se tornando mais confiante de que o Senhor não o abandonara e de alguma forma produziria algo bom — que por si só ele nem era capaz de imaginar — desse calvário terrível.

Deus manteve a promessa feita a Anthony Graves. Que hoje dá palestras, mantém um *blog* e escreve sobre reforma prisional, pena de morte e nosso sistema legal. Sua história impacta dezenas de milhares de pessoas. Sua fé em Jesus e o amor que tem por Deus são evidentes. Ele sabe o

que significa ter esperança quando há todos os motivos do mundo para desesperar.
A mesma coisa pode se aplicar a você.

HABACUQUE NÃO ESTAVA PRESO, MAS SABIA O QUE ERA SENTIR-SE confinado por circunstâncias terríveis. Entretanto, como vimos, ele ainda era capaz de se lembrar de tudo que Deus fizera em seu favor, de aceitar que os planos do Senhor iam além do alcance do olhar humano e de confiar que ele produziria algo glorioso das ruínas do presente. Habacuque conclui sua oração: "O SENHOR, o Soberano, é a minha força; ele faz os meus pés como os do cervo; faz-me andar em lugares altos" (Habacuque 3.19).

Quando você para e pensa no que esse profeta sabia já estar enfrentando — e que pioraria muito em breve, quando os babilônios entrassem na cidade — impressiona que pudesse fazer essa oração. "Mesmo que a figueira não floresça e não haja animais no curral, ainda assim o Senhor está em seu santo templo. Embora tudo vá piorar antes de melhorar, aquiete-se toda a Terra em sua presença. O justo viverá pela fé. A Palavra de Deus se realizará. Encontrarei a minha força e a minha esperança no Senhor meu Deus, e ele me elevará a novas altitudes."

É como o meu amigo Jade, sujeito que conheci no emprego que tive na época do ensino médio. Para sua infelicidade, Jade se meteu em um beco sem saída com decisões muito ruins e pecaminosas. Sua esposa, tendo sido traída não uma, mas duas vezes, deu um basta. Agora que ela o deixou, Jade lamenta profundamente seus pecados e reconhece com clareza que perdeu o rumo. Hoje está de volta à comunhão com Deus, fazendo a coisa certa, mas sua vida continua um caos. E nada sugere, no presente momento, que venha a melhorar um dia como todos gostaríamos de ver. De qualquer forma, Jade não está disposto a desistir. Sempre que conversamos, procuro lembrá-lo de que Deus está de seu lado. E sua força o mantém motivado a cada dia, carregando-o em meio à dor de sua condição. Essa ainda não é uma história de milagre: seu casamento não foi restaurado; seus filhos continuam bravos. E Jade não encontrou um novo propósito na vida. Só sei que sei que Deus continuará a sustentá-lo todos os dias e produzirá uma nova história de restauração que se desdobrará ao longo do tempo. Porque o Senhor está em seu trono. E sempre é fiel.

Enquanto você ou eu talvez nos sentíssemos um inseto esmagado sob o peso das circunstâncias de Habacuque, ele se compara a um cervo da montanha, um animal de pés firmes, prestes a subir às alturas, a sair do vale do desespero, da depressão e da desolação e atingir o topo da montanha.

Confrontados com o que parece insuportável, inacreditável, não encontramos melhor resposta que a de Habacuque. Se você não tirar outro proveito deste livrinho, espero que se lembre do significado do nome do profeta: contender. E abraçar.

Às vezes, não conseguimos distinguir uma coisa da outra.

Lembro-me de quando Joy, a minha filha mais nova, com quase 4 anos de idade, brincava em uma tirolesa no quintal da casa de uma amiga. Pequena demais para evitar a trombada com a árvore no fim do cabo da tirolesa, ela deu de cara contra o tronco espesso. Ainda sou capaz de ouvir o *bam!* e de ver o sangue cobrir seu rosto. Joy caiu inconsciente no chão.

Espere

Em pânico, senti seu pulso. Continuava ali, embora não tão forte quanto eu gostaria. Corremos com ela para o pronto-socorro. Os médicos a submeteram a vários testes e começaram a fazer tudo que podiam para se certificar de que ela estava bem. Assim que Joy recuperou a consciência, tentaram costurar o talho embaixo do queixo. Mas ela não queria saber de deixar. Esperneou e brigou e gritou e brigou mais um pouco. Precisei então imobilizá-la.

Deitei em cima dela, impedindo que mexesse o corpo e a cabeça enquanto o médico costurava o corte com muito cuidado e o fechava com curativos. Foi terrível. A plenos pulmões, ela gritou entre soluços:

— Papai, o que está acontecendo? Por favor, me solte. Por favor. Faça com que parem. Eu quero brincar. Por favor. Só quero ir brincar. Por favor, não deixe que me machuquem.

Mas eu sabia que, para ela ficar bem de verdade, tinha de passar por tudo aquilo.

Tenho convicção de que inúmeras vezes atravessamos esses períodos em que esperneamos e gritamos e lutamos com Deus, e tudo que ele está tentando fazer na verdade é nos segurar e conduzir no meio da tempestade. Queremos perguntar e exigir respostas, responsabilizando-o, e fazer com que conserte a situação de pronto. Mas ele sabe que isso não é possível — para o nosso próprio bem. Do mesmo modo que eu sabia da necessidade de imobilizar Joy se quisesse que ela sarasse, às vezes Deus precisa nos envolver de tal modo que ficamos com a sensação de rigidez e confinamento.

Contender e abraçar.
Os dois ao mesmo tempo.

3.5
Acredite

Acredito no cristianismo como acredito que o sol nasceu: não apenas por vê-lo, mas por ver tudo mais graças a ele.
— C. S. Lewis

A esperança é uma coisa curiosa. Quando você confia de verdade em Deus, tem algo pelo que ansiar, uma espécie de expectativa divina relacionada com para onde ele o está conduzindo. Você também tem uma segurança em que pode descansar, a certeza de que, não importa quão ruins as coisas possam parecer, ele continuará no controle e ao seu lado. Além disso, você tem um desejo de mudança — provavelmente das suas circunstâncias, mas ainda mais importante, do seu coração. Quer estar mais perto de Deus. Tudo somado, você chega ao tipo de esperança que lhe permite subir além da presente conjuntura e confusão.

Provérbios nos ensina: "A esperança adiada faz o coração ficar doente, mas o sonho realizado é árvore de vida" (13.12, *NVT*). E ensina também: "Não havendo profecia, o povo perece [...]" (29.18, *ACF*). Há algo no poder da esperança que nos alimenta e capacita a perseverar.

É fantástico o que somos capazes de suportar quando temos motivo para isso.

Esperança na escuridão

Ninguém ilustra isso melhor que Jesus. Quando se ajoelhou no jardim do Getsêmani, ele sabia o que teria de suportar. Os açoites. Os flagelos. A zombaria. A tortura. A humilhação. Mas ele seguiu em frente. Permaneceu fiel a seu Pai. Como fez isso? O escritor do livro de Hebreus nos dá uma pista. Em 12.2,3 ele escreve:

> [...] Ele, *pela alegria que lhe fora proposta*, suportou a cruz, desprezando a vergonha, e assentou-se à direita do trono de Deus. Pensem bem naquele que suportou tal oposição dos pecadores contra si mesmo, para que vocês não se cansem nem desanimem. (grifo nosso).

Jesus só precisou de um motivo para avançar em meio à dor. Um bom motivo para continuar. Que motivo era esse? A "alegria que lhe fora proposta".

Você é a razão pela qual ele veio.

Você é a alegria que lhe estava proposta.

Se não sabe nem para onde vai, de que adianta seguir em frente? Sem esperança, é difícil sair do vale e permanecer fora dele.

Pelo que você anseia hoje, neste minuto? Talvez pelo sanduíche de presunto e queijo suíço no pão de centeio que pretende comer no almoço. Por encontrar um amigo depois do trabalho para um expresso duplo na sua cafeteria favorita. Por comparecer à festa na casa da sua irmã no fim de semana. Por viajar para a praia nas férias no próximo verão. Por ver a expressão no rosto dos seus filhos quando abrirem o presente que você acaba de comprar para eles. Por receber o bônus anual.

Acredite

Não há nada errado em ansiar por essas coisas. Todavia, em geral as coisas pelas quais ansiamos e aguardamos na maior expectativa, e que alimentam a nossa esperança, proporcionam momentos passageiros de satisfação. Afinal, podemos ter praticamente tudo que queremos antes de quase qualquer outra pessoa da História. Pêssegos frescos em janeiro, com a temperatura abaixo de zero? Sem problema. Empréstimo para financiarmos um carro apesar de a nossa avaliação de crédito ser deplorável? Montes de lugares ficarão felizes de poder nos ajudar. Peça a seu celular que o oriente curva por curva como chegar à festa e ele o atenderá! Via de regra, contudo, as coisas mais importantes requerem tempo. Construir relacionamentos fundamentados no amor. Confiar em alguém. Ver os filhos crescerem. Encontrar realização no emprego. Claro, as pequenas coisas ajudam a enfrentar o dia, a semana, o mês.

Mas só a esperança do Senhor pode nos levar a enfrentar a vida.

A VERDADEIRA ESPERANÇA REQUER SEGURANÇA E DELA depende, um alicerce sólido a nos servir de base para essa esperança. Como explica o autor de Hebreus ao nos conduzir para o *Hall* dos Heróis da Fé que percorremos na Parte 2: "Ora, a fé é a substância das coisas esperadas, a prova das coisas não vistas" (Hebreus 11.1, *TB*). Entretanto, todos sabemos como pode ser difícil exercer fé quando não conseguimos enxergar nenhuma razão concreta em que fundamentá-la. Assim, pela própria definição, parece que a fé está fazendo algo para o qual não se tem nenhuma base lógica. E sem o caráter de Deus — e um relacionamento com ele

Esperança na escuridão

— como alicerce, seria a mesma coisa que depositar a nossa esperança no Papai Noel ou no nosso iPhone.

Não importa o que vemos e sentimos, Deus é mais real que qualquer outra coisa na vida. Compreendo que todas essas ideias e conceitos abstratos comecem a parecer confusos ou a dar a impressão de estarem desvinculados das provações envolvendo carne e sangue, contas e falência que você vem atravessando. Mas elas importam *sim*, e as Escrituras explicam essa relação da seguinte forma:

> [...] também nos gloriamos nas tribulações, porque sabemos que a tribulação produz perseverança; a perseverança, um caráter aprovado; e o caráter aprovado, esperança. E a esperança não nos decepciona, porque Deus derramou seu amor em nossos corações, por meio do Espírito Santo que ele nos concedeu" (Romanos 5.3-5).

Eis a minha opinião sobre essa progressão, do sofrimento à intimidade com Deus: quando passamos por tempos difíceis, tomamos Deus por sua Palavra e cremos que ele continua no controle, com um propósito específico em mente. De modo que seguimos em frente, confiando nele. À medida que avançamos, hora após hora, dia após dia, semana após semana, ficamos mais fortes. Cresce-nos a fé, a maturidade, a confiança em Deus. E mais fortes, depositamos a esperança na bondade de Deus, não nas nossas circunstâncias. Aprendemos a não confiar nos nossos sentidos, mas sim nas promessas de Deus.

Se ainda quiser acreditar, Deus irá ao seu encontro no meio dos esforços que você faz para crer. Mesmo que atire a Bíblia do outro lado da sala, como fez Anthony Graves, ou mostre o punho cerrado para Deus e o encha de perguntas, como Habacuque, o Senhor honrará a sinceridade apaixonada da sua busca. Se de fato quiser experimentar a proximidade de Deus e o cuidado dele à medida que você passar por tribulações — e desejar isso mais do que espera que suas circunstâncias mudem e o conforto retorne —, ele se postará ao seu lado a cada um dos passos que você der.

É MAIS FÁCIL FALAR DO QUE EMPREENDER ESSA JORNADA DE FÉ, sei bem. Muitas vezes, como vimos, é uma questão de perspectiva. Só para enfatizar essa ideia, há um pequeno poema que o ajudará, penso eu. Os versos foram escritos por um rapaz da nossa igreja chamado Kyle McCarty quando tinha 15 anos apenas.

Poema de Kyle

Deus não me ama
Você não pode me obrigar a acreditar que
Deus é bom
Essa é a única verdade da vida
Este mundo é produto do acaso
Como posso crer que
Deus usará a minha vida
Tenho certeza de que
Deus me abandonou
Nunca mais direi que
Cristo ressuscitou dos mortos
Mais que nunca, hoje sei que
O homem pode salvar a si mesmo
Temos de entender que é ignorância pensar que
Deus responde orações
Os cristãos declaram que

Esperança na escuridão

Sem Deus o mundo mergulharia na escuridão
O mundo pode satisfazer as minhas necessidades
  e o fará
É uma mentira dizer que
Deus sempre esteve presente na minha vida
Agora constato que
Não importa o que faça
A verdade é que
Ele não me ama
Como posso presumir que
Deus é bom

Muito bem, antes de você achar que enlouqueci ou renunciei a tudo que disse até aqui, peço que releia o poema. Só que, desta vez, gostaria que você fizesse uma pequena mudança: leia-o de trás para a frente.

Comece pelo último verso e siga até o primeiro.

Não tenha pressa. Eu espero.

Uau, fez toda a diferença agora, não?

Muito do que passamos funciona como esse poema. Tudo que conseguimos enxergar é o que está bem à nossa frente. Não sabemos dizer por que Deus permitiria tanto sofrimento e injustiça na nossa vida ou no mundo ao redor.

Mas, com tempo, paciência, perspectiva, começamos a ver as coisas de outra maneira. Percebemos, via de regra em retrospecto, que Deus produziu algo fantástico e absolutamente inesperado das cinzas da nossa perda, tristeza e angústia.

Do que uma fé mais vigorosa, proveniente de um amor mais profundo por ele, nem é a menor parte.

Habacuque sabia que a nossa perspectiva muda, enquanto Deus permanece o mesmo.

Acredite

"Mesmo não florescendo a figueira e não havendo uvas nas videiras, mesmo falhando a safra de azeitonas e não havendo produção de alimento nas lavouras, nem ovelhas no curral, nem bois nos estábulos, ainda assim eu exultarei no SENHOR e me alegrarei no Deus da minha salvação. (Habacuque 3.17,18)

Ainda assim exultarei no Senhor.
Aconteça o que acontecer.

Conclusão
Quando você duvida e crê

Resistência não é a capacidade de suportar uma dificuldade, mas de convertê-la em glória.
— William Barclay, ministro escocês

Não era para acontecer. David, irmão de Amy, foi parar no hospital na véspera de Natal por causa de problemas respiratórios. Ele estava muito gripado, e seu médico quis se certificar de que não se convertera em pneumonia ou alguma outra coisa mais grave. Sabia, como sabíamos todos nós, que com 34 anos de idade David era suscetível a todo tipo de infecção em virtude de seu sistema imunológico comprometido.

Depois de uma semana, ele continuava hospitalizado sem apresentar nenhuma melhora. Poucos dias depois, piorou. Amy, eu e a família inteira vínhamos orando, claro, o tempo todo. Mas convocamos então todo o mundo que conhecíamos para ajudar em oração. Entrei em contato com outros pastores amigos e suas igrejas mundo afora, pedindo a intercessão de todos em favor do nosso ente querido.

A história de David é fantástica e eu tinha certeza de que Deus continuaria a usá-lo de maneira milagrosa. Tendo abandonado uma vida obscura, repleta de dor e rebeldia, ele retornara para Cristo e passara a ser não só um cristão vigoroso como também um grande homem de Deus, marido, pai e líder de adoração. Amava a Deus com paixão e queria que as pessoas se sentissem encorajadas a acreditar que Deus podia ajudá-las a atravessar as tribulações. Evidente que Deus curaria um embaixador assim eficaz, certo?

Continuamos orando no decorrer de mais uma semana. Em determinado ponto, concluí que dezenas de milhares de pessoas ao redor do mundo oravam pela recuperação de David. Deus curaria o meu cunhado. Era questão de tempo.

Só que não foi assim.

David morreu alguns dias depois.

Ficamos devastados.

Deus não agira como todos nós queríamos.

POR DIFÍCIL QUE FOSSE, COLABOREI NA PREGAÇÃO DO CULTO fúnebre de David. Não conseguiria lhe dizer como foi doloroso ver as lágrimas nos olhos da minha esposa e de todos os familiares. Ainda não compreendíamos — e constatamos que talvez nunca viéssemos a compreender — por que Deus não atendera às nossas orações. Todavia, mesmo em meio a tanta tristeza, sentíamo-nos gratos por Deus ter transformado a vida de David e lhe dado as boas-vindas em casa. Com essa estranha mistura de sofrimento e gratidão, resolvi pregar o evangelho.

Era exatamente o que David gostaria. E também nosso Deus.

Eu sabia que havia muitos parentes distantes ali presentes — incluindo alguns que só iam à igreja em raras ocasiões

Conclusão: Quando você duvida e crê

— o que constituía razão ainda maior para o meu desejo de compartilhar a verdade acerca da graça divina e do sacrifício de Jesus na cruz. Por trágico e irracional que a morte de David parecesse, eu queria fazer tudo que estava ao meu alcance para converter sua perda em um catalisador que levasse as pessoas a pensarem em sua própria condição com relação a Deus.

E ele se moveu de maneira poderosa. Dezenas de pessoas tomaram a decisão de confiar a Jesus seu coração e vida aquele dia. Não apenas pela emoção da dor de perder David. O Espírito Santo operou de forma tangível no culto. Ninguém deixaria de percebê-lo. Não que isso diminuísse a tristeza pela perda de David, mas havia um consolo especial em saber que Deus estava usando sua vida — e também sua morte — para atrair almas para Cristo e impactar a todos de modo profundo demais para ser descrito.

Compartilho com você essa história por ser uma das experiências mais simples e poderosas em que tive a oportunidade de sentir fé como a de Habacuque, conforme vimos conversando até aqui. O tipo de fé que abraça e luta, que enche Deus de perguntas e, ainda assim, confia nele. Por mais que ter David aqui conosco me faça falta, não posso negar que de fato Deus continuou a usar sua morte como ocasião para atrair muita gente mais para perto de dele. Gente que de outra forma não ouviria nem prestaria atenção nas boas-novas do evangelho.

Anos mais tarde, Amy comentou que estava com saudades do irmão. Conversamos um pouco sobre o assunto e, quando senti que chegara a hora, perguntei-lhe algo que vinha me perguntando havia um bom tempo.

—Acho que nós dois concordamos que Deus usou a vida e a morte de David para impactar muita gente — comecei. Ela fez que sim com um gesto de cabeça. — Mas, Amy, se pudéssemos tê-lo de volta aqui conosco, só que sendo obrigados a abrir mão de todo o bem que Deus produziu, você faria essa troca?

Sem hesitar, ela retrucou com firmeza:

—Nem pensar. Vou rever David no céu um dia, e mais um mundo de pessoas por causa do que Deus fez por intermédio do meu irmão. O plano do Senhor era e sempre será bom.

E então nós dois choramos e agradecemos a Deus por seus caminhos serem mais elevados que os nossos.

NÃO FAÇO IDEIA DO QUE VOCÊ ESTÁ PASSANDO OU A QUE JÁ sobreviveu. E nenhum de nós sabe o que enfrentaremos amanhã. Mas de uma coisa tenho certeza; o nosso Deus é um Deus bom que nos ama o suficiente para sacrificar seu Filho precioso, o maior presente que poderia nos dar, só para que possamos conhecê-lo, só para que possamos glorificá-lo na terra, só para que possamos passar a eternidade no céu em sua companhia.

Ele nos ama tanto assim. Somos capazes de amá-lo — ou a qualquer outra pessoa — apenas porque ele nos amou primeiro (v. 1João 4.19).

Quando coisas ruins acontecem e o melhor que você consegue fazer é querer acreditar, já basta. Não pare de querer acreditar. Permita que essa fagulha de esperança cresça confiando que Deus está bem aí, do seu lado. Como o pai do menino endemoninhado, ore e peça para Deus ajudá-lo a superar sua descrença. Como Habacuque, questione e em seguida esteja preparado para ouvir com atenção a resposta que ele lhe dará.

Talvez você tenha percebido que o livro de Habacuque tem três capítulos curtos. No primeiro, o profeta duvida. No segundo, espera. No terceiro, abraça a bondade de Deus. A minha oração é para que você cresça até ter o tipo de fé de Habacuque, conforme a vemos no capítulo 3. Todavia, o problema é o seguinte: não se pode ter fé como a do capítulo 3 enquanto não houver dúvidas como as do capítulo 1 e desejos como os do capítulo 2. Porque no vale Deus faz espiritualmente mais do que no alto da montanha.

Quem está mais perto de Deus chegou a essa posição porque escalou sem cessar o caminho da fé que sobe do vale da vida. Em vez de tentar retroceder às pressas, reconstituindo cada passo até o último pico visitado, essas pessoas enfrentaram as adversidades e contenderam com Deus, enchendo-o de perguntas. Ainda assim, confiaram em que ele é bom e que usará de tudo para realizar seus propósitos e para levá-las de novo para fora do vale — mais fortes, melhores e mais próximas a ele do que nunca. Sabem ser esse processo a prova, em última análise, da fidelidade, do caráter, da bondade e do amor de Deus.

Não tenho todas as respostas para as suas dúvidas. No entanto, tendo amado a Deus e servido a Cristo por mais de vinte anos, aqui está o que *posso* dizer: percorri com Jesus "ontens" suficientes para lhe confiar todos os meus "amanhãs". Por simples que isso possa lhe parecer, espero sinceramente, e é essa a minha oração, que você venha a experimentar a mesma certeza. Se não agora, então em breve.

Quer chegar mais perto de Deus? Quer essa intimidade com ele mais do que deseja uma vida confortável, despreocupada, livre de problemas? Quer saber que ele está e se importa com você, independentemente do que você está passando?

Então duvide tanto quanto quiser, mas nunca pare de acreditar. Ou, pelo menos, de querer acreditar.

É possível ter esperança na escuridão. Porque, à medida que você crescer no conhecimento do Senhor, ele revelará ainda mais de seu amor, de sua fidelidade, de sua graça. E com o tempo você constatará e abraçará uma verdade em que pode crer sem medo: mesmo quando a vida está difícil, Deus continua sendo bom.

Perguntas para reflexão

INTRODUÇÃO

Leia Marcos 9.14-29.

Na introdução, analisamos rapidamente a história de um pai e seu filho em dificuldades. O pai queria acreditar no poder de Jesus para ajudar o filho, mas, como nada acontecera, lutava para ter fé de que Jesus era capaz de qualquer coisa em relação a seu problema.

Pergunta 1: Em que parte da sua vida você vem batalhando para acreditar que Deus pode fazer alguma coisa?

Pergunta 2: O que você acha que edificaria a sua fé de modo que o levasse a crer que Deus está ao seu lado e pode ajudar?

PARTE 1: ESCONDE-ESCONDE

1.1 Onde o Senhor está, Deus?

Leia Salmos 6.2,3,6,7 e Mateus 27.45,46.

Os autores de Jó, Lamentações, Eclesiastes e Jeremias deram voz a suas dúvidas. Em determinados círculos cristãos, praticamente somos desencorajados a expressar quaisquer incertezas reais e sinceras. A mensagem implícita é que, se você duvida, é porque não tem fé.

Pergunta 1: Você já duvidou do envolvimento ou da bondade de Deus?

Pergunta 2: Alguma vez as suas dúvidas acabaram fortalecendo a sua fé? Explique.

1.2 Por que o Senhor não se importa?

Leia Habacuque 1.2-4.

Até quando, SENHOR, clamarei por socorro,
   sem que tu ouças?
Até quando gritarei a ti: "Violência!"
   sem que tragas salvação?
Por que me fazes ver a injustiça,
   e contemplar a maldade?
A destruição e a violência estão diante de mim;
   há luta e conflito por todo lado.
Por isso a lei se enfraquece,
   e a justiça nunca prevalece.
Os ímpios prejudicam os justos,
   e assim a justiça é pervertida.

— Habacuque 1.2-4

É fácil confiar em Deus quando tudo acontece do jeito que queremos. Mas, se deparamos com algo que consideramos injusto, a dúvida costuma se intrometer. Habacuque contendeu com questões de injustiça. Em essência, perguntou a Deus: "Por que clamamos e o Senhor não faz nada? Por que o Senhor tolera a maldade deles? Por que permite que criminosos sigam impunes enquanto o inocente sofre?". Se alguma vez você lutou contra aparentes injustiças, saiba que não está sozinho.

Perguntas para reflexão

Pergunta 1: Quais são algumas das injustiças que você vê à sua volta hoje (na vida pessoal, na sua comunidade, no seu país e no mundo)?

Pergunta 2: Como essas aparentes injustiças impactam a sua fé em Deus? Seja honesto.

1.3 Por que o Senhor não faz alguma coisa?

Leia Salmos 56.8.

Davi clamou: "Registra, tu mesmo, o meu lamento; recolhe as minhas lágrimas em teu odre; acaso não estão anotadas em teu livro?". Observe que Davi, no salmo 56 e em tantos outros, suplicou a Deus com sinceridade, angustiado e em profundo desespero. Muitas vezes, os cristãos têm medo de se abrir e de ser francos com Deus (como se ele já não conhecesse os nossos pensamentos). No entanto, Davi e mesmo Jesus não se refreavam quando sofriam. Com certeza Deus é grande o suficiente para lidar com os nossos clamores e dúvidas. E, se ele preferir que, em vez de fingirmos que tudo vai bem quando na verdade não é o caso, corramos para os braços dele de coração aberto e ferido?

Pergunta 1: Qual foi a última vez que você questionou Deus com sinceridade, ou expressou a raiva que sentia para ele? Como se sentiu depois?

Pergunta 2: No presente momento, o que você precisa apresentar ao Senhor? Alguma dúvida sincera? Frustrações profundas? Decepções? O que está servindo de empecilho para sua completa franqueza diante de Deus?

1.4 Parece injusto

Leia Salmos 10.1-18.

Habacuque não teve medo de fazer perguntas difíceis. Como observamos, o termo hebraico usado para descrever a mensagem do profeta é *massa*, que quer dizer "declaração ameaçadora, uma desgraça, um fardo". Para fortalecer a nossa fé, Deus não usa apenas eventos comuns e ordinários; de vez em quando lança mão de uma declaração ameaçadora, uma desgraça, um fardo. No texto, pergunto: "E se, para chegar mais perto de Deus e desenvolver intimidade genuína com ele, for necessário que você suporte algo aparentemente insuportável? Que você o ouça durante uma declaração ameaçadora, que confie nele na desgraça, que acolha sua força ao se sentir fraco com um pesado fardo? E se for preciso uma dor real para experimentar esperança profunda e duradoura?".

Pergunta 1: Descreva um período em que Deus se serviu de algo doloroso para chamar a sua atenção para que você se aproximasse dele.

Pergunta 2: Que luta você está enfrentando hoje? (Pode dizer respeito a você ou a alguém a quem ama.) O que Deus está fazendo na sua vida por meio dessa batalha? O que lhe está ensinando?

1.5 Crise de confiança

Leia 2Coríntios 12.6-10.

Como já salientado, Henry Blackaby descreve o que chama de "crise de confiança", um período de lutas em que duvidamos de Deus e de sua bondade na nossa vida.

Esses momentos de luta costumam ser suscitados por algum tipo de desapontamento, de contratempo ou de desafio. Muitos cristãos bem-intencionados dizem que Deus não nos dará mais do que somos capazes de suportar. Não é verdade. (O versículo que citam é 1Coríntios 10.13, e ele na verdade diz que não permitirá que você seja *tentado* além do que pode suportar.) Vez ou outra Deus permitirá que você tenha mais do que é capaz de suportar a fim de ensiná-lo a depender dele. Se você tem dúvidas, Deus é grande o bastante para lidar com elas. Seus questionamentos podem levá-lo a depender dele como nunca antes.

> Pergunta 1: Que pergunta você tem a fazer para Deus acerca da sua atual situação?
> Pergunta 2: É bem provável que essa pergunta comece com "Por que". Talvez um "Por que o Senhor permitiu...?" ou "Por que o Senhor não...?". Será que você consegue fazer uma pergunta diferente, desta vez começando com "O que"? Você poderia perguntar "O que o Senhor está me mostrando?" ou "Qual era o seu propósito ao permitir...?".

PARTE2: PERDIDO E ACHADO

2.1 Ouça

Leia Salmos 46.10 e João 10.1-5.

Quando as coisas não saem como queríamos, a maioria de nós diz a Deus o que nos aborrece. No entanto, uma disciplina talvez ainda mais valiosa seja conversar com Deus e em seguida ouvi-lo com atenção. Jesus inclusive disse em João 10 que conheceríamos sua voz.

Pergunta 1: Descreva uma ocasião em que você acreditou ter ouvido a voz de Deus. Talvez ele o tenha conduzido por sua Palavra, motivado por meio de seu Espírito, abençoado com uma canção ou confortado por meio de um amigo.

Pergunta 2: Qual foi a última vez que você parou tudo e ficou apenas sentado, em completo silêncio, atento à voz de Deus? O que aconteceu?

2.2 Escreva

Leia Habacuque 2.2.

Deus falou com Habacuque: "Escreva a minha resposta em tábuas, em letras bem grandes, para que qualquer pessoa possa ler a mensagem facilmente e saia correndo para contar a outros!" (Habacuque 2.2, *NBV*).

Quando eu era um novo crente, ganhei de um amigo uma Bíblia nova com o meu nome gravado na capa. De imediato, ele me desafiou a sublinhar o meu versículo favorito e a anotar a data ao lado, na página correspondente. Lembro-me de não querer rabiscar a Bíblia, e sim mantê-la nova e limpa. Ele explicou que fazer apontamentos na Bíblia sobre o que estivesse aprendendo e sobre os versículos que gostaria de reler mais tarde acabaria se tornando uma das melhores ferramentas para o meu crescimento espiritual. Ele tinha razão! Hoje, anos mais tarde, já fiz anotações demais, tantas que nem as poderia contar, na lateral das páginas de várias Bíblias e associadas a marcadores do meu aplicativo da Bíblia *YouVersion*.

Perguntas para reflexão

Pergunta 1: O que Deus lhe mostrou nos últimos tempos de que você não deseja se esquecer? Você está disposto a assumir o compromisso de pôr tudo no papel, por assim dizer? Se hesitar, pergunte-se: "Por que não?".

Pergunta 2: Você tem um local ou método para registrar as lições, verdades e revelações que recebe de Deus? Se sim, descreva-o. Se não, o que poderia fazer para guardar e entesourar esses presentes poderosos? (Dicas: um diário físico, um serviço *on-line*, um aplicativo no seu celular.)

2.3 Espere

Leia Salmos 27.13,14, Lamentações 3.25 e Isaías 40.31.

Não conheço ninguém que goste de esperar. Se um programa demora para carregar, ou a fila no caixa da loja está comprida demais, trato de fazer outra coisa ou de procurar outro caixa. Com Deus, no entanto, muitas das maiores bênçãos estão do outro lado da espera. Li uma citação que dizia: "José esperou 15 anos; Abraão, 25; Moisés, 40; Jesus, 30 anos. Se tiver de esperar, saiba que você ficará em excelente companhia".

Pergunta 1: O que você gostaria que Deus fizesse *agora*, mas, pelo que consegue perceber, ele deseja que você espere?

Pergunta 2: Garçom ou garçonete é alguém que serve. Algumas pessoas acham que esperar em Deus significa não fazer nada. Contudo, o tempo

da espera em Deus é perfeito para servi-lo.
O que você acha que Deus quer que você faça enquanto espera?

2.4 Pela fé

Leia Hebreus 11 (conhecido como *Hall* dos Heróis da Fé).

Sabemos que sem fé é impossível agradar a Deus (v. Habacuque 11.6). Paulo ensinou que devemos andar pela fé e não pelo que vemos (v. 2Coríntios 5.7).

Pergunta 1: Que área ou situação na sua vida requer o máximo de fé neste exato momento?

Pergunta 2: Quanta fé você tem para que Deus se envolva no problema? (Mesmo que não seja muita, lembre-se: Deus pode fazer muito com uma fé pequena. Veja Mateus 17.20.)

2.5 "Fé provada"

Leia 1Pedro 1.3-9.

A maioria das pessoas não gosta de testes. Mas ser aprovado em um deles costuma edificar a nossa fé e nos ajudar a seguir em frente em termos espirituais.

Pergunta 1: Descreva uma ocasião em que a sua fé foi provada e acabou fortalecida. Você teve momentos de dúvida durante essa provação? O que o fez continuar? Como Deus usou a provação para fazer a sua fé crescer?

Perguntas para reflexão

Pergunta 2: No presente momento, você está enfrentando algo que poderia ser uma prova? O que acha que Deus está lhe mostrando?

PARTE 3: ESPERANÇA E GLÓRIA

3.1 Lembre-se

Deus nos diz que devemos nos lembrar do que éramos antes de nos encontrarmos com Cristo (v. Efésios 2.11-13), de sua aliança (v. 1Crônicas 16.15; Gênesis 9.14-16; Salmos 111.5) e da morte e ressurreição de Cristo (v. 1Coríntios 11.24-26).

Leia Lamentações 3.21-24:

> Ainda ouso, porém, ter esperança
> quando me *recordo* disto:
> O amor do SENHOR não tem fim!
> Suas misericórdias são inesgotáveis.
> Grande é sua fidelidade;
> suas misericórdias se renovam cada manhã.
> Digo a mim mesmo: "O SENHOR é a minha porção;
> Por isso, esperarei nele!".
> — Lamentações 3.21-24, *NVT*; grifo nosso

É evidente a importância que Deus dá ao fato de não nos esquecermos de nos lembrar.

Pergunta 1: Descreva quem você é e como era antes de conhecer a graça de Cristo. Descreva como a sua vida mudou por causa de quem Cristo é e do que ele fez em seu favor na cruz.

Pergunta 2: Quais são três dos seus momentos favoritos com Deus (ocasiões em que você sabia que Deus estava ao seu lado, ou trabalhando em seu benefício, ou revelando-se a você de uma maneira especial)?

3.2 Aceite

Habacuque ouviu de Deus notícias difíceis de engolir. Embora talvez quisesse fingir que não, era de seu interesse aceitar a verdade e arcar com as consequências. Nem tudo sai como a gente quer. Noé não esperava um dilúvio. Jonas não sonhava ser engolido por um peixe. Davi não imaginava nunca enfrentar um gigante. Alguém já disse: "O que se nega ou ignora, acaba por retardar-se. Mas o que se aceita e enfrenta se conquista". Você não precisa compreender o motivo para confiar e aceitar a bondade e as intenções de Deus.

Pergunta 1: Li uma citação recentemente que dizia: "Graça significa aceitar o que é em vez de se ressentir do que não é". O que isso quer dizer para você?

Pergunta 2: Descreva uma realidade atual ou passada que você tenha negado, mas que Deus quer que você aceite.

3.3 Confie

Leia Habacuque 3.16-18.

Ouvi isso, e o meu íntimo estremeceu,
  meus lábios tremeram;

Perguntas para reflexão

> os meus ossos desfaleceram;
> minhas pernas vacilavam.
> Tranquilo, esperarei o dia da desgraça,
> que virá sobre o povo que nos ataca.
> Mesmo não florescendo a figueira
> e não havendo uvas nas videiras,
> mesmo falhando a safra de azeitonas
> e não havendo produção de alimento nas lavouras,
> nem ovelhas no curral,
> nem bois nos estábulos,
> ainda assim eu exultarei no S‍ENHOR
> e me alegrarei no Deus da minha salvação.
> — Habacuque 3.16-18

Amo a profundidade da fé e da confiança de Habacuque. Em essência, ele diz: "Apesar de não gostar, de não compreender, de saber que ele poderia e deveria fazer alguma coisa, mas não faz, ainda assim confiarei no Senhor meu Deus".

Pergunta 1: Como você está desenvolvendo a sua fé no que diz respeito a confiar no caráter divino e não em suas circunstâncias? Explique.

Pergunta 2: Compartilhe uma ocasião em que você se sentiu desapontado com suas circunstâncias, mas teve plena fé e confiança na bondade de Deus.

3.4 Espere

Depois de enfrentar todos os desafios que sabia estarem se aproximando, Habacuque voltou o coração inteiro para Deus com a seguinte declaração de fé: "O S‍ENHOR, o

Soberano, é a minha força; ele faz os meus pés como os do cervo; faz-me andar em lugares altos" (Habacuque 3.19).

Pergunta 1: Descreva o que lhe dá esperança para o futuro. São as promessas da Palavra de Deus? A fidelidade divina no seu passado? Sua graça no presente? Ou alguma outra coisa? Se você não tem esperança de futuro, seja franco e converse sobre isso com alguém.

Pergunta 2: Habacuque declarou que o Senhor faz seus pés como os de um cervo e o capacita a andar em lugares altos. Como Deus ajudou você a crescer no passado? O que você sente que Deus está fazendo a fim de prepará-lo para o futuro?

3.5 Acredite

O livro de Provérbios nos ensina: "Não havendo profecia, o povo perece [...]" (Provérbios 29.18, *ACF*). O poder da esperança tem alguma coisa que nos alimenta e capacita a perseverar. Até Jesus deixou de lado a própria hesitação no jardim do Getsêmani, sendo fiel a Deus até a morte na cruz. O que o fez seguir em frente? Hebreus diz que foi "[...] pela alegria que lhe fora proposta [...]" (12.2). É fantástico o que somos capazes de suportar quando temos motivo para isso.

Pergunta 1: Se algum dia você sentiu vontade de desistir, de ir embora ou de partir desta para melhor, o que o mantém seguindo em frente?

Pergunta 2: Paulo disse em Romanos 5.3,4: "[...] também nos gloriamos nas tribulações, porque sabemos que a tribulação produz perseverança;

a perseverança, um caráter aprovado; e o caráter aprovado, esperança". Explique de que maneira você tem visto Deus revelar essa verdade em sua vida.

Conclusão

Em Romanos 8.28, Paulo nos diz que "[...] Deus age em todas as coisas para o bem daqueles que o amam, dos que foram chamados de acordo com o seu propósito". Às vezes, no meio das provações, é difícil enxergar o que é bom. Com o passar do tempo, no entanto, em geral conseguimos olhar para trás e ver como a benignidade de Deus abriu caminho através da dor até algo bom.

Pergunta 1: Refletindo na sua vida, você enxerga hoje que Deus estava trabalhando fielmente pelo seu bem durante uma época de dificuldade ou luta? Por quê?

Pergunta 2: Com base em como você tem visto Deus produzir o bem a partir do passado, o que acha que ele poderia estar fazendo no seu presente para ajudá-lo a se tornar mais como Cristo?

Agradecimentos

Gostaria de expressar a minha mais profunda gratidão a todos os amigos que ajudaram a tornar este livro possível.

Amy Groeschel, servir a Jesus com você é de longe a minha parte favorita da vida.

Catie (e Andrew), Mandy (e James), Anna, Sam, Stephen e Joy, vocês servem ao nosso Salvador. Vocês me trazem alegria e me enchem de orgulho.

Dudley Delffs, quantos livros já fizemos juntos? Cada um deles é motivo de gratidão para mim, pois aprendi a amá-lo mais a cada projeto.

David Morris, Lyn Cryderman, Brandon Henderson, Tom Dean, John Raymond, Brian Phipps e a equipe inteira da Zondervan, é mesmo uma honra publicar com vocês. São pessoas que honram a Jesus com o trabalho que fazem e isso é evidente.

Tom Winters, você é um grande amigo e um agente brilhante.

Brannon Golden, sua família me inspira. E o trabalho de edição que realiza chega a me arrepiar.

Tanner Keim, obrigado por cuidar de tantos detalhes e servir a nossa igreja com paixão. Você é uma assistente fantástica. (Eu disse que você chegaria lá.)

E Adrianne Manning, nunca deixe o meu escritório, ou serei obrigado a ir com você. Sua família é a minha. Este livro é para você.

Esta obra foi composta em Palatino LT Std
e impressa por Gráfica Exklusiva sobre papel
Offset 70 g/m2 para Editora Vida.